リーガルコーディネーター

——仕事と理念——

麻田恭子
加地修
仁木恒夫 著

信山社

目次

目　次

目次

プロローグ

私は、弁護士になって二五〜二六年（三一期）、独立して事務所を持って二一〜二二年になる。私は、弁護士になりたいと思い始めたときから、「町医者」に対比する意味で、「町弁」と呼ばれる弁護士でありたいと考えてきた。すなわち、「町医者」と呼ばれる人たちは、患者を選ぶわけではなく、病気になった患者を気易く受け入れ、患者を勇気づけながら、患者の持つ自己治癒能力を信じ、患者が自分の力で病気に打ち克ち、病気を治癒させるのに協力する、という役割を演じているからである。しかし、弁護士になってからの私は、必ずしも当初の私の考えに沿っているとは限らない弁護士活動をしてきていたかもしれない。勤務弁護士だった頃の弁護士になり立ての私は、少しでも多くの知識や方法をボス弁から学び取ろうと、自分自身が電話で話しているときでさえ、ボスの声に耳を傾けながら仕事をしていたし、乾いたスポンジのように、僅かな知識も吸収できるものは何でも吸収しようとしていた。また、その当時は、どうしたら依頼者に喜んでもらえるだろうかということを絶えず念頭に仕事に取り組んでいたと思う。何をしても物珍しく、楽しく、弁護士になることができたことに誇りを感じ、長い期間目指していた「町弁」になる日が近いことを、日々、肌で感じていた。

数年の時が流れ、私は実際に独立し、事務員を一人雇用し民事事件も刑事事件も何でも扱う「町弁」の構えができた。いくらかの蓄えと何人かの応援者があるだけだったが、私は、本来それほど裕福な家庭に育ったわけでもなく、また特に金銭欲が強かったわけではないので、事務所経営に対する不安はなかった。そのような私の感覚で言えば、事務所の経営はそれなりに順調であった。独立して数年の間は、かねてから望んでいたように、「町医者」に対比する意味での「町弁」であり得たように思っている。しかし、事務所の仕事が徐々に増えて行くと共に、そして弁護士としての仕事に慣れて自信を持つと共に、当初の心意気が少しずつ、薄らいでいってしまったようである。それに気づいたのは、一〇年ほどまえのことであったろうか。

私は、他人から言わせると「神経質」だったり「怒り」っぽかったりするらしいが、性根はのんびりしているほうだと、自分自身では思っている。私が幼かった頃、近所のおじいさんが、日溜まりの縁側で、近くの小・中学生に「お説教（話し）」をし、そして徐々にその小・中学生がおじいさんと仲良くなり、大人になってからの生き方・考え方を教わるようになるというような、のんびりとした風景は私の望むものであり、私の頭の中では、そんな感覚の法律事務所ができあがっていた。もとより、私が依頼者に向かって「お説教」をするつもりはないし、そのようなことができる立場にないことは承知しているが、雰囲気として、法律を知らないがゆえに困っている依頼者から紛争の話しを聞き、私の持っている法的知識を活かして、依頼者と共に紛争を処理する方法を話し合うことができるような法律事務所を理想としていたのである。

ところが、一〇年ほど前、ふと気づくと、私の周りはずいぶんと忙しくなっていた。相談者から電話があると、当然のように、「どなたのご紹介ですか」と問うようになっていたし、また、依頼者のものであるはずの紛争を、私の持つ価値観と法律の枠の中で手早く処理していくのが、ずいぶんと上手になっていた。私が当初考えていたように、依頼者の紛争処理能力を信じて（患者の持つ自己治癒能力を信じ）、紛争処理に協力していた（患者が自分の力で病気に打ち克ち、病気を治癒させるのに協力する）というよりは、依頼者のためを思っていたとは言え、裁判にするために都合が良いよう私の知っている法的知識によって依頼者の紛争（事実）を整理し、それを裁判所の手続のレールに乗せて解決（処理）していたのである。

私は、その方法が間違っていたとは思わないし、そのような方法をとらないと裁判という手段を利用して紛争を処理することはできないのは事実であるが、その方法に、「何かをプラス」しなければ、本当の意味で、事件の解決（紛争処理）ができないのではないかと思うに至ったのである。私は、自分自身を忙しすぎない環境に置くことが「何かをプラス」する上で必要であると考え、私と違う分野を得意とする弁護士を一人雇い入れた。彼は、会社員をしながら初回試験で司法試験に合格し、更にニューヨーク州の弁護士資格を併せ持つなど、私に比べ大変優秀であり、また、これから必要とされるであろうと考えられる知的財産法（特許法）を熟知しており、私は非常に心強く思った。事実、彼は私の片腕、いや私の半身となって私を助けてくれている。彼は、私の仕事の領域を広げるのには大変役に立ったし、私自身も一時は時間的余裕ができた。しかし、単に弁護士を増員することによっては、もっと正確に言えば、弁護士の力だけでは、私が考えている「何かをプラス」することはできなかったのである。

私は弁護士という人々が、一般の市民にどのように評価されてきたのかについて以前より知っているつもりでいた。その評価とは、弁護士（あるいは法律事務所）は、敷居が高く、何となく怖い存在であり、素直に心を開いて相談することができない、というものである。また、近年行われた調査によれば、司法、特に裁判に対する意見として、「わかりにくい（裁判とは何をやっているのものなのかさっぱり分からない）」「時間がかかりすぎる」「高い費用がかかる」などが多くを占め、裁判を経験した人のうち八〇パーセント以上の人が「もう二度と裁判はしたくない」と考えているということであったが、私は、裁判利用者の「わかりにくい」という不満が、他のすべての不満の根底にあるのではないかと考え、できるだけ「依頼者にとって分かりやすい紛争処理」をしようと努力を試みた。しかし、依頼者から見て「敷居が高く」「何となく怖い存在」である法律事務所にとって、依頼者である市民の意識を変えることは、弁護士の力のみでは実現しにくいのではないかと思えた。そこで、私は、弁護士と市民とのこのような壁を取り除き、弁護士と市民とをつなぐためには、最近医療の世界で注目されているカウンセラーのような仕事を行う人、ならびに、医師（弁護士）に対する形での看護師（法律事務所秘書）のような秘書の存在が是非とも必要なのではないかと思い至ったのである。

ここで、私が必要だと考えていた秘書とは、単に弁護士の行う法律分野に関する補助をする、いわゆるパラリーガルではない。パラリーガルのなしうることは弁護士であれば誰でも簡単にできる内容の仕事なのである。私が必要だと考える秘書とは、多忙な弁護士が聴いてあげられない（もしくは、要件事実のみが最高だと考えている弁護士は聴こうともしない）依頼者の悩みを聴き、または、依頼者が弁護士には話せない事情などを聴いて（特に依頼者が女性の場合が顕著であるが）、それを整理し弁護士に伝え、反対に、弁護士の考えを依頼者に相応しい言葉で分かり易く依頼者に伝え、そして、訴訟や和解交渉などに関する依頼者の理解を得ながら依頼者と弁護士の認識に齟齬が生じないようにする、そして、その過程を通して依頼者の気持ちに安らぎを与えるような秘書である。なぜなら、もし、依頼者が紛争の解決過程を正確に理解し、心の中の波を小さなものにできていたなら、自分で納得して進行した過程がもたらした結果に対し不満を抱くことは少ないはずだと考えたからである。

そのような役割を持った秘書は、弁護士の単なる補助者ではなく、協働者的存在として、依頼者の紛争処理にかかわることができるだろう。

私は、一九九七年から試験的に、私の考える秘書を一名事務所に導入した。名前は麻田恭子。年齢は本人の希望により伏せるが、いわゆる新卒の年齢ではない。理系大学を卒業し、社会生活を経験した後に、大学法学部に再入学し、大学院で「裁判の機能（指導教授・井上治典博士）・事件当事者による分かりやすい裁判」について勉強をしたらしい。彼女の成績証明書を見せて貰ったが、彼女の一般的法律知識は、成績証明書の半分程度かそれ以下のもののように私には思えた。しかし、私自身も、大学卒業時はもとより司法試験合格の時点においてさえも、法律知識はそれほど豊富ではなかったことを思いだし、他の面から見て、私は彼女を秘書として選んだ。私は、弁護士の協働者としての秘書には、法律的知識がある程度必要であることは当然だとしても、それ以上に、人間という存在に対する洞察力を持ち合わせたうえで、人間に対する愛情と優しさ（それは、依頼者だけではなく、相手方に対しても）をも兼ね備え持っていることが大切だと考えている。そういう意味でも、私がここでいう秘書はパラリーガルとは異なるものなのである。私は、その秘書に、「リーガルコーディネーター」という仮称を付与することとして、市民に親しまれ、信頼される弁護士（法律事務所）を目指し、そのリーガルコーディネーターと共に実験を試みている。以下、私の事務所の麻田恭子を、「リーガルコーディネーター」と呼ぶこととし、我々の実験について報告をしようと思う。

私は、リーガルコーディネーターを雇い入れた段階で、まず最初に、私の考えを時間をかけて説明した。もっとも、私の考え方（なぜ、リーガルコーディネーターを雇い入れようと思ったのか、どのようなリーガルコーディネーターを必要としているのか）については、事前に説明し、彼女がそれを理解し私の考えに同調したからこそ、私の事務所におけるリーガルコーディネーターとしての協働が実現したのだが、それでもなお、折を見て、彼女に対し私の考え方を説いた。私の、司法に対する考えや、事件への取り組み方、依頼者そして人間への接し方などに関する考えを正しく理解して貰うのが、リーガルコーディネーターとしての基本だと思ったためである。

私が彼女に説いた内容は、おおよそ次のようなものであった。

⑴　相談者が初めて事務所にやってきた時、それら相談者の多くは、混乱し、不安を感じ、先行きを心配している。自分自身の立場について、「人生のどん底」だと感じ、悲観し、悩み抜いているのに、対処方法が分からず法律事務所を訪れるのである。そのような相談者にとって必要なのは、心の不安や心配を取り除く、もしくは、軽くしてあげることである。勿論、法律事務所（弁護士）は、法律を使って紛争を解決するのが最終目標であるが、その前に、不安で居たたまれない相談者の気持ちを聴き、その気持ちを引き受けて、心の混乱を沈めることが大切である。

⑵　民事事件は、争いの形としては、経済的な利益を争うことになるが、だからといって、すべての依頼者が、より多額の経済的利益さえ得られればそれでよいと考えているわけではない。依頼者が何について怒りを感じ、何を求めているのか、どうすれば気持ちが軽くなるのかなどを、正確に把握できてから事件に着手しないと、依頼者の満足は得られないし、したがって紛争の処理はできない。

⑶　重複する部分があるが、私は、司法（裁判）は紛争を処理するための一つの手段ではあるけれども、それだけで紛争処理はできないと考えている。人間には様々な感情があり、千差万別の個性があ

る。それらの感情と個性、そして二つとして同じものがない事実と事実が複雑に絡み合って紛争をつくり出しているのである。そのような紛争を、法律の力だけでは解決することはできない。紛争の核の部分については法が規律し整序したとしても、その周囲のモヤモヤした部分は、感情を持った人間が本気で修復を試みないと元の形には戻らない。勿論、感情の入っていない事件（例えば特許事件やM&A等）も存在する。しかし、私のような「町弁」のところにやってくる事件の多くは、人間の感情が介在している事件なのである。

⑷　私は、人間は「自分の経験の範囲でしか物事を理解することができない」だろうと思っている。しかし、私が考えたリーガルコーディネーターは（当初は、私自身が、弁護士として勤めようとした役割であるが）、自分自身が経験したことのないことであったとしても、依頼者や他の人が経験したことについて理解できる想像力を持ち合わせていることが望ましいと考えたし、間違いをおかした人を（たとえ相手方であったとしても）責めるのではなく、その立場を理解しようと努力できる人であって欲しいとも考えていた。そして、その上で、依頼者と一緒になって紛争の処理に取り組むエネルギーが必要だと思った。

⑸　私は、それほど優秀ではないので、一度に引き受けられる事件数（手持ちの事件数）は、訴訟事件ならせいぜい一五件以内（ただし、それ以外にクレサラ事件は常時五〜六件、国選事件や当番弁護士、扶助事件なども抱えている）、交渉事件も同数程度だと考えている。ただし、依頼者から引き受けた以上

は、一つ一つの事件を丁寧に扱っていきたいと思っている。依頼者は、一生の一大事に関する相談に訪れるのであるから、一人の弁護士が（少なくとも私の能力では）一度に一〇〇件とか二〇〇件とかの「一生の一大事」を引き受けられるとは考えていないのである。

私は、以上のようなことをリーガルコーディネーターとしての麻田に伝え、私の考え方を充分理解させた。

彼女は法学部の出身であったし、大学院では民事訴訟法（法社会学に近いと思われるが）を専攻しており、大学院のゼミで「弁護士倫理」についても学んでいたということなので、一応の知識は持ち合わせていると思ったが、リーガルコーディネーターの仕事の領域は、一歩間違えば非弁活動にもなりかねないものであったため、その辺りについては、充分に説明をし何度も話し合いの機会を持った。そして、リーガルコーディネーターがなすべき仕事の範囲について、互いに慣れるまでは、何度も何度も打ち合わせを重ねながら仕事を進めていった。

彼女は社会人としての経験を充分積んでいたため、私が望んでいるリーガルコーディネーターとしての役割をこなすようになるにはそれほど時間がかからなかった。しかし、いわゆるパラリーガルといわれる人たちがすべき仕事に関する知識は皆無であったため、私は、早い時期に、債権差押申立事件（実効性がないと分かっていた事件）の申立手続を、私の指導の下、彼女に委せてみた。彼女は、参考書を見ながら、必要な商業登記簿謄本を取り寄せ、債務名義を取得し、書面を作成し、予納郵券の意味を知り、書記官に文句を言われながら（結局、東京地裁で同窓の書記官に巡り会い、手続について親切に教えて貰ったらしいが）、一連の処理方法を知った。私は、それ以上、リーガルコーディネーターに対し、殊更に法律事務実務を学ばせるようなことはしなかった。法律事務実務は、必要であればいつでも自然に身に付くと考えたからである。

私は、リーガルコーディネーターを採用する際、ユーモアの分かる人、あまり怒らない人（怒りっぽくない人）、ということも条件に入れ、そのような人を採用したつもりであった。そんな彼女であるはずなのに、彼女は、時として、私が依頼者に対して「羽目をはずす」ほどの冗談を言うことに対し気を遣い、依頼者のちょっとした言葉に私の怒りが爆発するのではないかと日々ヒヤヒヤしていると述べている。リーガルコーディネーターである麻田は、「先生、私、今日も胃が痛くなりました」と言いながらも、私が大切だと思っているような顧客、つまり、私の考え方を支持してくれているような依頼者からは、それなりに頼りにされ、悩みを打ち明けられ、可愛がられているようである。私は、私が若い頃から考えていたような法律事務所が、弁護士とリーガルコーディネーターとの協働により、今やっとできあがりつつあるような気がしている。「日弁連公認パラリーガル構想」をはじめとした、様々な、法律事務所職員の職域拡大に関する試案があるようだが、私は、「だれのためにそれらの議論をしているのか」と問いかけたい。法律事務実務に関する議論も、公認パラリーガル制度に関する議論も、それ自体有益かもしれないが、私は、現在、それらの議論がすべて弁護士（あるいはパラリーガルの資格を得ることによって、より良い労働条件を獲得したいと思う人）のためになされているような気がしてならない。それを、法律事務実務論と呼ぼうが、パラリーガル論と呼ぼうが、それらは単に弁護士業務の簡素化のためになされるべきではなく、依頼者の立場に視点を据えて、議論がなされるべきであろう。

不安や悩みを抱え行き詰まってしまった状況にある相談者を気楽に受け入れ、その重荷を、人間としても法律家としても引き受けることができるような法律事務所を目指したいものである。

以下は、私とリーガルコーディネーターである麻田恭子との協働作業の紹介である。法律事務所で、弁護士としての私の意を汲み、依頼者主導の紛争処理を目指し働いている秘書の様子を、リーガルコーディネーターの一つのモデルケースとして紹介したい。なお、共著者・大阪大学助教授である仁木恒夫氏には、たびたび私の事務所を訪れていただき、弁護士とリーガルコーディネーターとの協働について様々な示唆を与えていただいている。

加地　修

Ⅰ リーガルコーディネーターの世界

第1章　ようこそリーガルコーディネーターの世界へ
――リーガルコーディネーターってなあに？

複数の人と人とが関係を持ちながら生活している社会には、絶えず紛争が発生し続けている。放置しておけば雲散霧消してしまうような紛争や、心にしまっておけるような紛争であるならば別として、ほとんどの紛争当事者は、自分自身の紛争を、様々な方法で、何とか解きほぐして正常な人間関係を取り戻そうと試みるだろう。相手方に話し合いを求める者、力ずくで自分の意思を通そうとする者、そして、弁護士（法律事務所）や裁判所の力を借りようとする者など多様であるが、どのような方法をとるにしても、紛争を処理する過程や処理された理由が、紛争当事者の意思によって進行・展開されたものでなければ、紛争当事者にとっての紛争処理の一コマとはなりえないであろう。

本書では、紛争の「処理」と、紛争の「解決」とを同義とはとらえていない。紛争は、裁判を経ることにより、法的に「解決」されることはあっても、社会学的に見れば「処理」をされるにとどまる、つまり、裁判のみによってでは、人と人との紛争は解決されないのである。

さて、多くの法律事務所では、弁護士のほかに、（その区別は定かではないとしても）事務員・秘書・パラリーガルなどと呼ばれるような人々が働いている。近年、わが国の法律事務所は法人化が認められ、それと共に大規模化しつつあるが、依然として弁護士が一～二人、その他の職員が一～二人というような小規模一般法律事務所が圧倒的に多い。本書では、小規模一般法律事務所に焦点をあて、そのような法律事務所において、法的・社会学的専門性を持って弁護士と協働し、弁護士と当事者間の事件に関する調整役として事件当事者の自立支援を目指して働く人々を、リーガルコーディネーターと呼ぶことと定める。そして、そのリーガルコーディネーターが法律事務所でどのように働いているのか、なぜリーガルコーディネーターが必要なのか、リーガルコーディネーターとはこれまで論じられてきたパラリーガルや秘書などと機能や役割においてどのような点が異なるのか、などについて考えていきたい。

本書では、裁判の目的が、事件当事者間の対等な対話、そして自立支援にあるということを前提にしている。本書を読むことにより、多くの学生や一般の方々が、リーガルコーディネーターという職業に興味を持ち、たくさんのリーガルコーディネーターが誕生し、弁護士と当事者との間に立って紛争・訴訟を調整することにより、紛争当事者同士の対話の実現が可能になることを、そして、自立支援が可能になることを願うものである。

本書は、法学部学生・法律事務職員のみならず、是非、弁護士の方々にも目を通していただきたいと願っている。弁護士の方々に、依頼者の自立支援という観点から、リーガルコーディネーターとの協働を前向きにご検討いただけるのであるば、法律事務所におけるリーガルコーディネーターの存在が実現するであろうと考えるからである。どのような法律事務所であったとしても、広い意味でのリーガルコーディネーターの雇用の可能性はあると思われる。また、多くの裁判官の方々にも読んでいただき、法律事務所で働く人々が、どのようにして依頼者の気持ちを汲み入れた主張をしようと努力をし、また、依頼者がどれほどの期待と不安を胸に法廷に入って行くのかを理解していただきたいと考えている。さらには、これから法律事務所に何らかの相談を持ちかけたり訴訟を提起したいと考えている方々も、本書を読むことにより、法律事務所の利用の仕方、弁護士やその他の法律事務所職員の実態を知り、相談方法の参考にできるかもしれない。

それが正式な呼び名ではないとしても、かつては筆記係だった裁判所書記官が、いまやコートマネージャーとして認知され、職務の幅が広がり、訴訟の進行に大きく貢献しているように、私たち法律事務所職員も、リーガルコーディネーターとして、依頼者の自立支援に意味のある一役を演じたいと願っている。

実務レポートでは、リーガルコーディネーターを職業として法律事務所に勤務している女性、井上美里の実際の勤務状態や業務内容をなるべく客観的かつ正確に観察・描写し、リーガルコーディネーターとはどのような職業なのかを感覚的につかんで欲しいと考えている。井上美里のモデルとなっているリーガルコーディネーターは実在するが、本書記載の登場人物は加地修弁護士以外、井上美里を含めてすべて仮名であり、紛争・訴訟の経緯等に関しては、井上美里が体験したいくつかの事件を分解し組み立て直して記述をしてある。事件に関しては、加地修法律事務所で扱った事件のみならず、井上美里が、大学院時代に裁判所や法律事務所で接した事件、その際に触れた事件当事者の意見などが含まれている。つまり、リーガルコーディネーターが弁護士と協働して行う具体的職務内容や、個々の事実に関してはありのままの記載であるが、組み立て直された事件の内容は、加工が施された架空のものである。

学生や一般読者にとっては、耳慣れない言葉も出てくるかもしれないが、まず、小説を読むように簡単に最後まで読み通して欲しい。井上美里の仕事は、日本では未だ専門職として確立された職業ではないが、それだけに、これからリーガルコーディネーターを目指す各個人の工夫次第で大きな可能性を持った職業である。読者自身が、井上美里になったつもりになり、頭の中でさらなる工夫を試みて欲しい。読者のあなたが、井上美里よりずっと優れた弁護士との協働者になる可能性は充分存在している。

さあ、あなたもリーガルコーディネーターの世界へ……。

第2章　加地修法律事務所

井上美里が勤務するようになって七年目の加地修法律事務所は、弁護士登録して二五〜二六年になる所長弁護士（加地修弁護士）の他に、勤務弁護士[1]一名（小野信二弁護士）・リーガルコーディネーター一名（井上美里本人・名刺には訴訟担当秘書との肩書きが記されている）・一般秘書（叶映美子）の四名から構成されている、いわゆる小規模一般法律事務所である。

所長である加地修弁護士は、白髪混じりの頭髪に細身の身体、柔和ながらも鋭いまなざしを持つ五〇歳代後半の男性である。早い時期から、自身の仕事にリーガルコミュニケーションやリーガルカウンセリングの手法を実際に取り入れており、従って、ＡＤＲをも得意としている。ゴルフと囲碁、それに駄洒落を趣味とし、良くも悪しくも古いタイプの人間で、パソコンには一切手を触れず、煩雑な生活を嫌うゆえ携帯電話も持っていない。ゴルフの誘いがあると、「僕は早起きが嫌いだし、ゴルフも本当はそれほどは好きじゃあないんだよねえ」と小声でつぶやきながら、嬉しそうに、スケジュールノートにゴルフの予定を書き込む。囲碁については、なかなか碁会所に行くほどの時間がとれず、

A四版の紙に碁盤と同じ罫線を引いたものを使って、仕事の合間を見つけながら、同期の弁護士と、ファックスで一手ずつ打ち合っている。従って、加地弁護士の囲碁が一局終わるまでには、一ケ月近くの時間を要することもある。

さて、仕事の傾向であるが、交通事故・医療過誤等を含む一般民事事件を幅広く扱っているが、刑事事件の当番弁護士(2)や国選弁護人(3)を引き受けたりするほか、クレ・サラ相談センター(4)にも登録しており、二ケ月に一回程度の相談を受け持っている。町医者が、体調の悪い人であれば、どんな病気の人の診察でも、また、夜間診療でも行うがごとく、加地弁護士も法律上の問題を抱えている人たちの相談を、ほとんど断ることなく受け入れている。そのうえで、仮に、加地弁護士の不得意とする分野の事件であったり、加地修法律事務所だけでは手に負えないと考えられるような事件(例えば大規模なM&Aなど)の場合には、他の事務所に応援を依頼することもある。

入所九年目の小野弁護士は、ニューヨーク州弁護士資格を併せ持ち、特許事件を得意としている。所長である加地弁護士が弁理士登録をしていないだけでなく、実際に特許事件をそれほど得意としているわけではないので、特許事件は小野弁護士が主任となって受任することも多い。人間の感情がほとんど入ることがない理論の積み重ねのような事件は、小野弁護士の得意とするところである。小野弁護士は、四〇歳代前半で一八〇センチを超える長身、弁護士というイメージからはややかけ離れた派手な服装をしているのが常であり、テニスが趣味で、いつも日焼けした肌をしている。

秘書の叶は、高校卒業後米国の大学に留学した経験から英語を得意としている。小柄で細身、おしゃれに関しては常に指先まで気を抜かない。趣味はジャズからクラシックまで幅広い音楽鑑賞、人付き合いがよい。法学部卒ではないが、在籍七年で、いわゆるパラリーガルがこなす実務はすべて簡単にやってのける。弁護士たちも、一般的法律実務(5)に関して分からない点を叶に訊くことがある。仕事が正確で速いので、加地弁護士からの信頼が厚い。

さて、本書で注目しているリーガルコーディネーターの井上美里であるが、彼女は高校卒業後、理系の大学を卒業し社会生活を経験した後、大学法学部に再入学した。「裁判」の機能に興味を覚え、大学院で「国民にとって分かりやすい裁判」をテーマに研究をした経験を持っている。実務経験を積んで、紛争処理という観点から依頼者の自立支援にかかわることのできる法律事務職員について研究をしてみたいと希望し、また、実際に当事者の自立支援に携わりたいという強い希望の下、大学院修了後に、研究を続けても良いという条件で加地修法律事務所に職を得たものである。趣味はスキーと(下手な)ゴルフ、一見明るく誰とでもうち解けるが、実際は一人でボーっとする時間を好んでいる。

事務所は、東京地方裁判所から徒歩約一〇分の霞ヶ関の近くに位置している。外務省・財務省・文部科学省・特許庁・総理府などにも近く、東京のビジネス街の一つに在している。主要道路から一本入った細い路地に面し、一階にしゃれたフランス料理店がある、やや古いビルの三階ワンフロア約三〇坪を加地修法律事務所が使用している。

事務所のドアを開けるとすぐ右に受付カウンターがあり、そのカウンターに向かう形で叶の机が置かれている。入口の正面に会議室（相談室）入口があり、室内には観葉植物や数枚の絵が飾られ、テーブルの周りに椅子が八脚配置されている。入口の近くに会議室があるのは、内部の資料などをなるべく依頼者の目に触れさせないためである。事務所内はパーテーションを兼ねた書棚でいくつにも区切られているが、叶の机の右手先、少し奥まった窓側に井上の机が配置され、井上の机の前方同じく窓側に、低めの曇りガラスでできたパーテーションをはさむ形で、井上に向かい合う方向に加地弁護士の大きな机が置かれている。加地弁護士の机の奥（つまり、加地弁護士の背中方向）には、テーブルと椅子四脚の他にテレビが置かれた小さな会議室（相談室）があるが、ここは、比較的親しい依頼者の相談に乗るときや、建築紛争や交通事故に関する依頼者とビデオを見ながら話しを聞くときに使われている。小さな会議室の左手奥（つまり、大きな会議室の裏側にあたる位置）に、いくつもの高い書棚に囲まれた小野信二弁護士のためのスペースがある。小野弁護士の机の上にはパソコン何台かが雑然と並べられ、更に、机の上や、その周りを取り囲む書棚には、少し触ったら落ちてきそうなほどの高さに、所狭しと文献や資料が積み重ねられている。

加地弁護士以外の所員にはそれぞれのパソコンが与えられ、文書ファイルは全員で共有しており、受任中の事件の文書はもちろん過去に扱った事件の文書類も、誰のパソコンからでも読み込むことができるようになっている。

小野弁護士の業務形態は、所長弁護士によって割り当てられた訴訟について、単独もしくは所長弁護士と共に担当し、更に、小野弁護士自身の顧客(6)に依頼された事件に関する業務も行っている。加地弁護士との関係では、請負契約(7)に近い形態であり、勿論、裁量労働性(8)である。給与形態は、所長弁護士から一定の給与・交通費等の支給を受けるほか、小野弁護士自身の顧客から得た報酬等は全て小野弁護士自身の収入となる。

秘書ら二人の業務形態は、一般会社員における雇用契約とほぼ同様であり、給与形態は通常の給与所得者と全く同様である。秘書二名の役割分担であるが、井上は、一部の一般民事事件(主に、当事者の感情のもつれが紛争を解決しにくくする原因になっているような事件、依頼者が女性であり弁護士に話しにくいと想像できるような内容が含まれている事件、クレ・サラ事件全般、細部にわたって調査・判例の検討等が必要と思われる事件、依頼者が手続のみならず方針や方向性についても細かい説明を望んでいる事件など)について、弁護士と依頼者の打ち合わせや裁判手続への同席・依頼者からの事情聴取・文献や判例の検索検討・簡単な文書の起案・依頼者への進行報告書作成等を行っており、事件数や期日の入り方によって、終了させなくてはならない仕事の量が必ずしも常に一定というわけではない。勤務時間の形態から見ると、やや裁量労働制に近い。それに対して、叶は、主に各種文書の取り寄せ・訴訟等申立手続き・保全・執行・法務局関係の実務等のほかに、経理全般の仕事も行っているが、勤務時間は、よほどの例外を除き九時半から五時半までと定められている。

(1)　弁護士登録を済ませたからと言って何の経験もなくすぐに法律事務所を開設し経営することは困難である。そこで、通常、弁護士登録をした後数年間は、法律事務所に勤務し、仕事を覚え、その後独立する弁護士が多い。事業主ではなく、法律事務所に勤務している弁護士を勤務弁護士と呼ぶ。

(2)　起訴される以前の捜査段階で、逮捕されて身柄を拘束された人が弁護人を依頼できるようにした制度を当番弁護士制度という。各都道府県にある弁護士会が、この当番弁護士制度を運営している。逮捕された人や、その家族などから、弁護士会に依頼があると待機している弁護士が、二四時間以内に警察署などにかけつけ、接見し、アドバイスをする。

(3)　刑事事件で起訴された人のうち、弁護士を依頼する資力がない人などに国が弁護人をつけてくれる制度を国選弁護人制度という。

(4)　東京弁護士会・第一東京弁護士会・第二東京弁護士会の東京三会で、四ッ谷と神田その他に多重債務者の為のクレジット・サラ金法律相談センターを設置し、クレジット・サラ金問題の整理に関する相談に乗っている。昨今、非弁提携弁護士（サラ金業者と手を組み、仕事をする弁護士）が問題になっているが、このクレ・サラ相談センターでは、一定の基準で選ばれ、登録した弁護士が三〇分五、〇〇〇円という安い費用で多重債務者の相談に乗っている。加地弁護士・小野弁護士いずれも、このセンターに登録している。

(5)　例えば、各種書類の取り寄せ・各種書類の読み取り・各種裁判所手続・仮執行手続・差押手続・法務局関係の手続などがあるが、いわゆる定型的な業務である。

(6)　小野弁護士が法律相談に出かけていき相談に乗って依頼された事件や、知人等に直接依頼された事件の顧客は、小野弁護士自身の顧客となる。

(7)　請負人がある仕事を完成させ、注文者がその仕事の結果に対して報酬を支払うという契約。

(8)　業務の性質上、その遂行の方法を労働者の裁量にゆだねる必要性が高いため、その労働者が実際に何時間働いたかにかかわらず、労使協定で定めた時間働いたとするもの。

第3章　井上美里の一日——平成一六年一月一五日

本章では、平成一六年一月一五日の井上美里の行動を、なるべく忠実に再現してみようと思う。リーガルコーディネーターの仕事は、その時々によって多忙を極める場合と、やや時間的余裕がある場合とがある。この平成一六年一月一五日は、たまたま、本書を書き始めようとした頃であったため、無作為にこの日を選んで記録をとってみた。本来なら、時計とにらめっこで、何時何分に何をしたかということを記述できればもっと興味深いものができたかもしれない。しかし、仕事をしながら、その内容を記載する方法では、この程度の記述が精一杯であった。

五時三〇分　外は暗い。目覚まし時計を止め、ラジオとエアコンをつける。横で寝ていた愛犬（トイプードルのレオ）が薄目を開けるが、再び布団にもぐり込んだ。井上は、今日の予定に合わせて前夜から用意しておいた(9)ダークグレーのスーツに着替え、急いで台所に下りていく。先に起きていた母親に朝の挨拶をし、身支度とごく簡単な身の回りの片づけを済ませて、前夜のうちに下ごしらえを済ませておいた昼食用の弁当を完成させ、それに加えおにぎりを一つ作ってバッグに入れる。一度、愛犬を抱き上げてから、玄関に向かう。

七時〇〇分　コートとブーツに身を包み、家を飛び出す。寒い。

八時一八分　今日も、事務所（規定の勤務時間は、九時三〇分～一七時三〇分）に一番乗りである。コートを着たまま、まずエアコンのスイッチを入れ、ポットの湯を沸かし、会議室の掃除やゴミ出しなどを簡単に済ませる。少しずつ暖かくなってきた室内でコートを脱ぎ、メールをチェックしながら、持参したおにぎりと途中のコンビニエンス・ストアで買ったヨーグルトを食べ、暖かいお茶を飲んで簡単な朝食代わりとする。

早速、依頼者からの電話が鳴り始める。加地弁護士からは、九時半以前にかかってきた電話に関しては、井上の判断で応答すればよいと指示されている。しかし、始業時間以前は、比較的時間に余裕があるため依頼者とゆっくり話しができるし、早朝に電話をかけてくる依頼者の中には、急を要しているケースもあるので、井上はできる限り電話に応答するように[10]心がけている。井上は、加地弁護士のその日の日程を確認しながら、井上自身の仕事の優先順位など最終的な予定を調整する。今日は忙しくなりそうだと覚悟を決める。

八時三〇分　①　田山晶子氏より電話。本日完成予定の遺産分割協議書の受け渡しに関する確認をする。高齢（八二歳）の田山氏は、心細いらしく何度も同じ事柄について質問[11]する。

② 久保達彦氏より電話。

久保「あ、あ、あのう久保です。おはようございます。すいません、朝から。」

井上「久保さん、おはようございます。みなさんお元気でいらっしゃいますか。その後、ご自宅の建築は順調に進んでいますか。」

久保「いや、そのことなんですけど。大変なんです。ああ、どうしよう……。」

井上「どうなさったんですか。」

久保「全部でね、八、〇〇〇万円払ってたのに、工務店が倒産したらしいんですよ。一昨日、六、〇〇〇万円払っちゃったんですよ。六、〇〇〇万円……。だから、合計八、〇〇〇万円……」

井上「倒産って、どうして分かったんです？」

久保「そうらしいって。鉄骨屋が言うんですよ。鉄骨屋は知っているらしいんですよ。」

久保氏は大変慌てていて、要領を得ないが、自宅建築を注文した工務店に、出来高に見合わない計八、〇〇〇万円を先払いしていたが、その工務店が倒産したらしいということで非常に慌てている。落ち着かせるためになるべく丁寧に詳しく話しを聞き、必要書類を指示したうえで、加地弁護士の今日の予定を確認後、一一時に来所するよう約束をする。できる限り詳しい状況を加地弁護士に報告できるようにするため、また、慌てている依頼者の感情を鎮めるため、約二〇分間話しをした。[12]

③　離婚調停係属中の中田洋子氏から電話。法律的な相談より、むしろ同じ女性として、諸々の悩みや愚痴、将来の不安などを聞いて欲しいようである。

洋子は、現在の夫と婚姻生活を一一年間継続してきたが、夫の過干渉に悩まされ、迷いに迷ったあげく、夫に黙って家出をし実姉の家に身を寄せ調停を提起した。洋子の夫は、出勤後一日に何度も家に電話を入れて洋子の行動を監視し、夫の意志でいつ掃除や洗濯をするかまでが決められ(例えば、洗濯については、夫が天気予報を見た上で大体の予定をたてるが、本当に洗濯をして良いかどうかについては、夫が会社に着いた後インターネットで天気予報の最終確認を行い、妻にメールで指示が出される)、また、帰宅後にはカーテンの開閉状態が夫の出勤時と異なっていないかどうかをチェックして少しでも異なっていれば理由を問いただし(例えば、外を見たのか、何を見ようとしたのかなど)、洗濯物のたたみ方やサンダルの揃え方まで事細かに指示を繰り返すという、異常とも思える行動をとっていたということであった。

中田「中田洋子です。朝のお忙しい時間にすみません。」

井上「結構ですよ。どうしていらしゃいます？　毎日寒いので、お元気かなと心配していたんですよ。」

中田「ええ、それは、大丈夫なんですけど。昨日、私が出かけて、夕方、姉の家に帰ろうとして最寄り駅に降りたら、柱の陰に主人が隠れて私をジッと見ているんです。私、怖くて。」

井上「ご主人は、話しかけてきたりしたんですか。」
中田「ええ、渡したい物があるって言って。お菓子をくれました。」
井上「それだけですか。後をついてきたり嫌がらせをされたりしませんでしたか。」
中田「ええ、それは、ないんですけど。私、気持ち悪いです。止めるように言ってください。私ね、本当に気が狂いそうなんです。いつもいつも監視されていて。私は、今、姉の家におりますでしょ。主人は姉の家に電話してきたり、私の実家に電話したり、私の友だちに連絡とったり、益々嫌いになってしまって……。私、このままだと、主人に邪魔をされて一生がメチャメチャになりそうです。」
井上は、洋子の話しをしばらく聞き、洋子の夫に、ストーカーのような行為は辞めるように連絡することを約束した。また、洋子が非常に憂鬱そうであったので、調停が進行している間、気分転換のために何か簡単なパートでもしてはどうかと助言をした。
中田「私、結婚してずっと専業主婦だったので、何もできないんですけど、どんな仕事が良いでしょうねえ。」
井上「うーん、そうですねえ。一生の仕事を決めるわけではないので、気軽に色々なことをしてみるっていうのも、将来の仕事を決める上で良いかもしれませんね。色々なことをしてみるチャンスだと思えばいいんですよ。」

中田「ああ、そうか、そうですね。そう考えれば気楽ですよね」

井上は洋子を励まして電話を切った。その後、急いで洋子の夫宛に「洋子につきまとう行為をやめてほしい」という趣旨の手紙を書いたが、文面はつとめて柔らかくした。夫の感情を逆撫でして逆効果になることを防止するためである。事情をメモし「確認お願いします」のスタンプを押した付箋を付け、加地弁護士の机の上に置いた。

九時一五分　流行のファッションを取り入れながらもきちんとした印象の叶が出勤してきた。叶が煎れてくれたコーヒーを飲みながら五〜一〇分ほど、今日の予定の確認ならびに雑談をする。この時間は井上にとって楽しみな一時だ。

九時三〇分　① 一昨日、加地弁護士が、クレ・サラ相談センターの当番だった時に相談に来たという、柳義之氏から、債権調査票が整ったので本日来所したいとの電話。漏れがないよう必要書類の確認をして、弁護士の予定を確認後、午後四時に約束をとる。

② 加地弁護士と同派閥の某弁護士から電話があり、加地弁護士へ研修所刑事教官の任官推薦の承諾を再度打診される。加地弁護士に伝えることはするが、諸事情から、承諾の可能性は極めて低いだろうとの回答をする。(13)

コイケ（サラ金）から、債務者吉井大介に関し、返済が滞っている旨の連絡あり。吉井大介の分厚い資料を書棚から引っ張り出し、コイケの和解書を見て返済額・期日等を確認し、コイケが主張している返済額・期日等に間違いがないことを確認した。解怠約款を引き合いに強い口調で抗議する債権者に対し、吉井大介に代わって謝罪をし、吉井大介に連絡をとり返済を促す約束をして電話を切る。その後、すぐに吉井大介の携帯電話に連絡したが、「この電話は現在使用できなくなっております」とのテープが流れる。やむなく、債務者の自宅にハガキを出す(14)。一体何故、度々、サラ金に怒られ謝っているのだろう、と朝からため息が出る。

④　一〇時三〇分に打ち合わせ予定の森本正光氏の資料準備ならびにチェックを行う。事件の概要を正確に思い出す為、打ち合わせに先駆け書類に目を通しておく。

一〇時一〇分　加地弁護士が「おはようございます」と大きな声で挨拶をしながら入ってくる。加地弁護士は、機嫌の良い時は、挨拶後、鼻歌を歌いながら自分の席に着くが、機嫌の悪いときには挨拶の声も小さいし、挨拶の後すぐに、やや厳しい顔つきで無言で席に着く。井上は、加地弁護士の鼻歌を聴きながら、今日は機嫌が良さそうだと思いホッとした。加地弁護士の好きな濃い日本茶を用意し、これまでに入った電話等の連絡事項を伝える。加地弁護士より、準備書面のワープロ打ち一件、ならびに、弁護士会照会(15)(16)起案一件、内容証明(17)起案一件をするよう指示がある。ワープロ打ちは、井上より叶に依頼した。

玄関のチャイムが鳴り、「書留です！」と郵便局員が郵便を届けてくれる。

一〇時三〇分　森本正光氏の打ち合わせに同席する。森本正光氏は、株式会社の代表取締役であったが、約四年前に、その会社と、会社の債務を個人保証していた森本個人双方の破産を申し立てた。債務総額は四億円以上にのぼり管財事件となったが、商工ローンの大手である株式会社Sファンドとの間で過払金返還訴訟が係属していたため、解決が非常に長引いた。やっと、免責の審尋期日が決まり、その打ち合わせのために事務所を訪れたものである。森本氏は、弁護士報酬も支払わず、加地弁護士とのその他の約束も反故にするなどしていたため、非常に気まずそうな表情で事務所に入ってきたが、加地弁護士は気軽に「頑張ってる？」と尋ね、家族の近況などを聞き、暖かく迎えた。森本氏は、職種は定まらないが日雇いの収入で生活していること、一時は離婚の話しが出た妻と、もう一度やり直そうということで何とか力を合わせていること、長男は高校生になりアルバイトをして家計を助けてくれていることを話し、最後に「すみません、先生に報酬払えなくて……」と小声で付け加えた。約二〇分程度で打ち合わせは終了した。

一〇時五〇分　①　加地弁護士から指示があった弁護士会照会につき、訴状・準備書面・書証を読み、起案について考え始める。この事件は、A法律事務所の元職員が、退職後、上司であったA弁護士を被告として時間外労働賃金の不払い等を原因として賃金等支払請求訴訟を提起したという、非常に希有な事件である。原告本人が作成したという訴状と準備書面、それに書証を合わせると厚さが一〇センチ近くにもなる。書面全体に被告に対する不満が満ちており、要件事実とはおよそ関連のない原告の主張（被告の人間性に関する事実、被告の家族に関する事実）が記載されていて、主要な事実を拾い出して読むだけでも大変な作業である。特に争点となりそうな部分に赤線を引き、付箋を貼る。

② 電話は頻繁に鳴る。小野弁護士が留守の為、小野弁護士宛の電話については伝言簿に記載する。[18] 加地弁護士については、取り次いではいけない電話[19]・単に取り次げば良い電話[20]・内容を確認する必要のある電話[21]・井上限りで話しを済ますことができる電話[22]があり、それらを判断するのも大切な仕事の一つであるが、起案の途中で電話を受け続けていると、なかなか考えがまとまらない。すでに疲れがでてくる。

一一時二〇分　小さくドアをノックする音がした。重そうな紙袋を持った久保達彦氏が、不安そうなやや青ざめた顔で立っている。「今朝はすみませんでした」と言う久保氏の声は小さく震えているようであった。このような場合、井上はつとめて落ち着いた明るい話し方をして依頼者の不安を除くよう心がけている。加地弁護士が、久保氏の持参した書類等をチェックし、質問をしながら、不足している書類や今後の方針について説明する。井上は、同席し、事件進行録を作成・記載すると共に、事件の内容を把握する努力をしながら、メモを取り、書面のコピー等を手伝う。久保氏自身が今日すぐにすべきこと・井上がすべきこと・次回の打ち合わせ日時・加地弁護士の方針を確認し、打ち合わせを終了する。帰っていく久保氏の顔つきには、わずかな安堵感が漂っていた。井上は、「揃える書類のことで分からないことがあったり不安になったら私宛に電話をください。今回のことに気を取られて、交通事故に遭ったりしないように気をつけてくださいね」と付け加える。久保は力無く笑って帰っていった。

一二時一〇分　事務所にて、加地弁護士・叶と共に昼食（持参の弁当）をとる。よほどの事がない限り、昼食は時間通りにとるようにしている。加地弁護士は、非常に話し好きで、食事をしながら、最近読んだ本のこと、家で飼っている犬（その犬がアッシュという名前のポメラニアンで、家族には可愛がられているが、きれい好きな加地弁護士自身にとって、いかに不愉快な存在であるかをおもしろおかしく）話し、小さい頃の思い出、興味深い判例についてなど、話し続ける。加地修法律事務所の昼食時には笑いが絶えない。その後、井上は急いで歯磨きと化粧直しをする。

一三時〇〇分　弁護士会館（事務所から徒歩一〇分、または車五分）四階にて、田山晶子氏の実娘大石敏子氏の代理人弁護士と会い、遺産分割協議書への調印があるため加地弁護士に同行する。田山氏は高齢のため、話し好きなうえ心配性であり、加地弁護士と話しをするよりも、気易く話せる井上と話すことを好んだため、また、法定相続通りの相続であって法律上の争いがない事案だったため、これまでの多くは井上が田山氏との対応をしてきた。

田山氏は、昨年、夫を亡くした。一人娘がおり、その娘は、結婚後、田山氏（正確に言えば田山晶子氏の亡夫田山靖彦氏）の所有する都内一等地の敷地内の田山晶子氏名義の家屋に無償で居住している。夫が亡くなる前から田山晶子氏と娘は不仲になり、ほとんど没交渉であった。夫が亡くなり相続が開始したが、互いに感情的になり法定相続通りの相続であるにもかかわらず、感情がこじれにこじれ、遺産分割協議が整うまで両者の対立は解けなかった。同じ敷地内の別棟に居住しているにも係わらず、とうとう最後まで母娘間の直接対話は実現されなかった。

一三時三〇分　田山晶子氏が遺産分割協議書受領の目的で来所するという約束があった為、急いで事務所に戻って対応をした。返却した実印をしまおうと、セーターの中から紐のついた貴重品袋を引っぱり出した田山氏は、やや理解力に乏しい。井上が内容を噛み砕きながら説明する。加地弁護士は、一四時から仙台地裁との電話会議に入ったが、田山氏は、井上に向かって、娘や孫について話しを続ける。

田山「どうしてこんなになっちゃたんでしょうね。私の育て方が悪かったのかしら。あたしが建てた家にただで住んで、固定資産税まであたしに払わせて、何考えているのかしら。孫もねえ、良い子だったのよ、学校出るまでは。それなのに、テレビ局なんかに勤めたら何だか派手になっちゃって、目の周りや爪に色なんか塗ってるんですよ、まったく。ねえ、どうして爪を真っ赤っかにしたりするのかしら。」

井上「あら……テレビ局ですか。優秀なんですねえ。今はねえ、色々と流行があるから、でもきっとお美しいお孫さんなんでしょうねえ。」

田山「いえね、あなた。あなたぐらいの色なら良いのよ。ピンクなら。でも、真っ赤っかなの。

目は凄く青いのよ。それで、男のお友達がバイクで遊びに来たりするの。」

そのうち、いつものように、話しは井上のことに移っていく。

田山「あなたの生年月日はいつなの？　あたしの知ってる占いの先生でよく当たる人がいるの。今度見てもらいましょうね。」

いつも同じことを話すが、井上は相づちを打ちながら、話しを聞いている。

一四時三〇分　①　話し続ける田山氏に詫びをしながら、東京地裁へと急ぎ、弁論準備手続(23)に同席する。井上のノートの取り方は独特で、裁判官や代理人の発言をできる限り加工せずに書き写す（記号のような印を使い書くと表現した方が正確かもしれない）。ノートの不完全な部分を、記憶の新しいうちに補充していくと、ニュアンスまで再現できるノートが完成する。これは、期日に出席できない当事者に、期日の内容を伝えるのに役立つ。

②　手続終了後、裁判所の廊下で、ごく簡単に弁護団内部の打ち合わせをするが、弁護団内部で意見が割れている。加地弁護士は、依頼者から事件を引き受けたときに、事件の大枠をつかみ、「落としどころ」とでも言うべき部分を依頼者に話しをする。例えば、とてつもない要求をしている依頼者がいたとすると、そのような要求は認容されないだろうということや、相手の気持ちも考えた方が良いということ、更に裁判が終了した後の事件を取り巻く人間関係に至るまで、細部にわたり依頼者と話し合う。しかし、この日、弁論準備手続が行われた事件は、加地弁護士が依

頼者から直接引き受けた事件ではない。弁護団長である他の弁護士が引き受けたが、一人では手に負えないということで、加地弁護士に弁護団に入って欲しいと依頼してきたものである。したがって、加地弁護士は弁護団長ではなく、「とりあえず依頼者が望むようにやってみるしかない」という考えの下に、相手方への非難を繰り返している弁護団長と、必ずしも方針が合っているというわけではない。

一五時三〇分　①　事務所に戻ると、数件の電話連絡が入っていたため、返電する。頭痛がするが、できるだけ元気な声(24)を心がける。

②　家族のうちの何人もが、債務整理や自己破産をした小山満氏の娘千恵子氏から、夫の暴力がひどいので離婚したいと電話による相談(25)がある。彼女は、多いときには毎日のように電話を架けてきて、井上に何かと相談を持ちかける。相談は、パートの内容や弟の病気（統合失調症）のことにまで及ぶ。井上はその日まで知らなかったが、千恵子の夫は千恵子とは再婚で前妻の間にも子供が一人いたが、前妻は夫（つまり現在の千恵子の夫）の暴力が原因で離婚をしたということであった。現在、千恵子には二人の幼い子供（生後二ケ月の女児、一歳八ケ月の男児）がいるため、あまり、簡単に離婚を決めない方が良いと思うと助言したうえで、暴力がエスカレートするようなら、また電話をするように伝えた。彼女の場合は、夫が千恵子の父と養子縁組をしており、彼女の両親・実弟が住む家に同居していたので、千恵子の夫が暴力を振るったとしても、それほどひ

ども記載することにしている。

得た後、依頼者に、「本日の期日報告書」としてファックスする。この際、次回期日への見通し[27]な

正し、依頼者に進行状況を報告するメモを作成し、加地弁護士に提出する。加地弁護士の許可を

⑤ 一四時三〇分からの弁論準備手続に関するノートを読み直し、記憶が鮮明なうちに加筆修

てくださっているんですか。少し気分が落ち着きました」と言い、久保氏は電話を切った。

らね。一緒に頑張りましょうね」と声をかける。「ああ、そうですか。先生はそんなにすぐに動い

からすぐに、倒産した業者の弁護士と話しをしたりして、早急に手を打つよう努力していますか

違いのないよう手続を進め、最善を尽くすしかありません。加地も、久保さんがお帰りになって

が必ず予定通りに建つとは言えないと思いますが、加地が話したことをよく思い出しながら、間

が久保氏に話していた内容を思い出しながら、「今の段階で、確実にお金が返ってくるとか建物

非常に心配そうな声を出し、「大丈夫でしょうか」と何度も尋ねる。井上は、午前中に加地弁護士

④ 午前中に来所した久保氏から、収集すべき書類について再度確認の電話がある。久保氏は、

ゆっくりと説明する。

③ 自己破産申立手続準備中の長嶺和則氏より準備すべき書類に関する質問の電話[26]。丁寧に

と、友人のように話しをして電話を切った。

どい状態にはならないだろうと考えたためである。千恵子は「そうだよねえ。うん。わかった。」

一六時〇〇分　自己破産申立準備中の柳義之氏来所。柳氏は、井上にたびたび電話をして来る小山千恵子氏の叔父にあたる人物で、小山千恵子氏の紹介で事務所を訪れたものである。外国語かと思うほど訛りの強い東北弁を話し、まるで人ごとのように淡々と、自分自身が大腸癌から肝臓癌へ転移した末期癌患者であり、余命数ヶ月と申し渡されているということを語った。柳氏は、鳶職に就いていたが、病気を原因として思うように仕事をすることができなくなり、それまでの蓄えも入院費や生活費に充てるためすべて使い果たし、元気になり再び仕事に就く日が来ることを信じ、サラ金等から借金をしたが、結局、病気がひどくなり仕事が全くできなくなったということであった。この日、柳氏は二度目の来所で、一回目に加地弁護士と方針の話し合いは終了していた。そこで、本人が揃えた書類のチェックを取りあえず井上が単独で行った。柳氏は、自身が加入している生命保険はどうしても解約したくないと主張していたので、井上は、柳氏に対し、生命保険の解約返戻金がいくらになるのかを調べるように指示(28)してあった。柳氏は、生命保険会社が作成した解約返戻金計算書を持参していたが、それによると、生命保険を担保とした借入金があるため、柳氏が生命保険を解約したとしても、返戻金はないということであった。大変不躾な言い方ではあるが、このまま保険料を支払うことができなかったとしても、数ヶ月以内に柳氏が亡くなれば、保険会社からの借入金を差し引いても、遺族は四〇〇万円程度の保険金を受領することができる。そこで、柳氏と相談の上、生命保険については正直に申告はするが、解約返戻金がないという証明書を添付し、保険の解約を留保してもらうよう申し出てみようということになった。また、自己破産申立を行う場合には、最近二ケ月の家計の状況（家計簿のようなもの）を提出することが必要であるが、柳はその書類に不備があったため、その場で、書き方を教え、書き直しをしてもらった。加地弁護士に内容を報告し許可を得た後、柳氏に最終的注意事項を伝える。柳氏の場合は、報酬契約書の作成・委任状の受領がなされていなかったため、これらについては、加地弁護士が柳氏に直接説明をする。報酬（着手金も含む）については、柳氏の手持ち金がなかったし将来支払える見込みも立たなかったため、法律扶助協会に扶助の申請[29]をすることになった。

一六時四〇分　加地弁護士は、会議室にて、特許事件の依頼者・小野弁護士・他の事務所の弁理士らと打ち合わせを始めた。井上は、原則として、特許事件に係わることはない。コートをはおり、財布をポケットに入れ、外に出る。日が暮れかけ、寒気が身を刺すようだが、頭がすっきりする。ブラブラと近くのワインショップに立ち寄り、イタリア産の赤ワインを一本購入。約二〇分間で、気分転換のための散歩終了[30]。

一七時〇〇分　メールのチェックおよび返信[31]。メールや電話は、比較的朝と夕方に集中する。

①　顧問会社の法務担当者から、債権回収に関する相談をしたいとの電話。ごく簡単に内容を聞いた後、相談に必要な時間および緊急性を予測し、加地弁護士のスケジュールに合わせて約束

をとる。相談の際に必要な書類等について伝える。
②　加地弁護士宛の電話で、個人的な電話などが数本続くが、加地弁護士は打ち合わせ中なので伝言簿に記入する。営業の電話については、はっきりと、「大変申し訳ございませんが、そのような内容の電話はお取り次ぎできません」と断る。(32)
③　午前中から起案しようとしている弁護士会照会の原案作成を始めるが、当事者の怒りが書面いっぱいに溢れており、読んでいると当事者の感情が伝わってきて疲れてくる。夕方になると、頭と体の疲れを実感する。しばし中断。
④　同じく加地弁護士から指示のあった内容証明郵便の起案をする。こちらは賃料不払いを原因とする建物明渡請求の事案であるが、比較的すぐにでき、今日は加地弁護士の「赤(訂正個所)」が少なければ良い、と念じながら加地弁護士の机の上に原案を置く。
一七時五〇分　叶は、きれいに化粧直しをして事務所を出た。
一八時一〇分　特許事件の打ち合わせ終了。井上は、打ち合わせのため、わざわざ札幌からやってきた依頼者沢田氏に、土産の礼を言い挨拶をする。(33)
井上「沢田社長、いつもお元気そうですね。本日は札幌の味覚を頂戴いたしましてどうもありがとうございました。今日は、東京にお泊まりでいらっしゃいますか？」
沢田「ええ、そうなんですよ。これからお得意さんと会食をすることになっていてね。」

井上「ああ、そうですか。最近もスキューバダイビングなさっているんですか？」

沢田「やってますよお……やあ、あなたは私の趣味まで覚えていてくれたんだねえ。今度、東京に来たら、一緒に食事でもしましょうねえ。」

井上「ありがとうございます。お気をつけて。」

井上は、会議室の片づけをし、湯飲み茶碗を洗い、食器棚にしまう。

一八時三五分　①　井上が席に戻ると、机の上に、加地弁護士の「赤」が入った内容証明郵便が置かれている。加地弁護士の訂正箇所について納得がいかなかったため、加地弁護士に質問すると「民法の基礎を知らない人の質問だね」と手厳しく指摘をされてしまった。疲労倍増だが、加地弁護士の指示通り打ち直す。井上は、加地弁護士の説明をなおも理解できず、もしかしたら加地弁護士の勘違いではないかと考え、質問を繰り返す。加地弁護士が井上の認識不足だと主張する声が少しずつ大きくなり徐々に疲れた顔つきになってくる。井上は、帰宅後、民法基本書を読もうと決意した（しかし、結局、読まず仕舞いだった）。

②　弁護士会照会に関しても、何とか文章を捻り出すが、この文章は、井上自身が読んでさえ、争点がずれておりわかりにくい文章だと判断し、再考を始める。

一九時二〇分　取りあえず、弁護士会照会の文書作成を終了し、心の中で（今、読まないで欲しい）と念じながら、加地弁護士の机の上に「明日の昼までにお願いします」とのメモと一緒に置く。机の上をザッと片づけ、化粧室へ。もう帰ろうと支度をしながら席に戻ると、加地弁護士が苦笑いしながら弁護士会照会の原案を読んでいる。「これじゃ、趣旨が分からないよ」、言われるだろうと思っていた通りの言葉が返ってくる。「すみません、疲れたので明日やります」弱音を吐いたが、加地弁護士は「ご苦労様、じゃあ帰ろう」と快諾してくれた。

一九時四五分　明日の加地弁護士の予定を再度チェックし、書面等の準備が整っているか否かを確認後、加地弁護士と共に退所(34)。近くに事務所を持つ高田弁護士・高田の秘書らと夕食を共にする。同じような仕事をしていると、話題が仕事のことになりがちだが、つとめて仕事以外の話題を選ぶ(35)。

二二時三五分　自宅へ帰り着く。愛犬が、ちぎれんばかりに尻尾を振りながら井上を迎え、飛びつく。手を洗い愛犬を抱き上げ、この瞬間から気持ちの転換をはかる。ゆっくりと入浴を済ませ、ニュースを聞きながら愛犬と遊んでいると疲れがフッと軽くなる。ベッドの上で、手足を思い切り伸ばす。困ったり怒ったりしている人々の顔に交じって、解決に向かいつつある事件の報告を受けた嬉しそうな人々の声もよみがえってくる。

二三時四〇分　今日も忙しく疲れた。明日の予定を考え、大好きな千住真理子のカンターヴィレを聴きながら眠りに就く。

(9)　秘書は、服装にも気をつける必要がある。原則として、あまりラフすぎない服装、つまりジーンズやTシャツが許されないのは勿論のこと、出席する会議や打ち合わせの相手によっては、よりフォーマルなスーツ等が相応しい場合もある。予定に合わせて服装を選ぶ必要がある。

(10)　仕事はすべて大切だが、どの仕事を先に済ませるかを適切に判断することは、非常に大切な秘書の仕事の一つである。毎朝、およそ一週間先ぐらいまでの裁判所期日等の予定を確認し、加地弁護士が作成すべき書面・井上自身が用意すべき書面等についても把握するようにしている。

(11)　一般の人は法律のことが分からない。分からない言葉・見たことがないような書類、特に、依頼者が高齢の場合には、何度同じことを聞かれてもゆっくりした口調でていねいに説明することが望ましい。

(12)　このような場合は、相手の話をなるべく全部聞くこと、対応の仕方については落ち着いて話をすることを心がけ、当事者をいたずらに不安にさせないようにすることが必要である。

(13)　加地は任官推薦依頼を受けた当初は刑事弁護教官に興味を示していたらしいが、その後、健康上、事務所運営上などの理由から断り続けていた。加地に辞退の意志が固いことを知っていた井上は、非礼のないよう加地の意志を伝えたのである。このように事件以外のことでも、弁護士の意志を捉え・伝え、弁護士出所後の雑用を減らすのも秘書の仕事である。

(14)　この程度の、法律的判断を必要としない仕事については、弁護士の指示や許可を受けずに行うのが日常である。しかし、全体の事件進行状況を弁護士が把握していることが前提であり、また、後に、必ず弁護士に報告をする。

(15)　弁護士法二三条の二によれば、「弁護士は、受任している事件について、所属弁護士会を通して、公務所又は公私の団体に照会して、必要な事項の報告を求めることができる」と定めているが、その制度を弁護士会照会制度と呼ぶ。

(16)　弁護士の書面作成に先立って書面の案を書いてみること。

(17)「誰が、誰宛てに、いつ、どんな内容の手紙を出したのか」ということを郵便局が公的に証明してくれる郵便。法的トラブルに巻き込まれ、何らかの意思表示を相手方に伝えたことを証拠にするには、この内容証明郵便を利用するのが最も一般的な方法の一つである。井上は、加地弁護士より、「内容証明郵便を読めばすぐに訴状が作成できるよう要件事実を頭の中で整理しながら起案するように」と指導されているが、なかなか難しい。

(18) 小野弁護士は個人的秘書をおいていないため小野弁護士の個人的依頼者に関する仕事を把握しているものはいない。勿論井上もその内容を把握していない。いい加減な発言は許されないため、小野弁護士宛の電話の取り次ぎに関しては、相手のいうことを聞いておくのみにする。

(19) 主に営業・宣伝等の電話については、取り継がないことにしている。

(20) 加地自身の友人からの電話等、プライベートな電話は内容の確認をせずに取り継ぐのは当然なことである。また、弁護士からの電話も、例外を除いて、内容の確認なく取り継ぐことにしている。

(21) 新たな事件の依頼者からの電話には、簡単に事件の内容を確認し、急を要しているか否か、加地と相談する時間がどのくらい必要か、相談に際して何が必要かをおよそ判断し、加地の日程確認後、約束を入れる。初めての依頼者については、紹介者が誰であるかを知ることにより、依頼者のバックグランドを朧気ながらにでも知ることができる。

(22) 既に依頼者に指示を与えておいた事件につき再確認の電話が入った場合には、それが法的判断の確認でない限り、井上から再度説明するようにしている。

(23) 民事訴訟法一六八条〜一七四条、民事訴訟規則八八〜九〇条。「公開の法定外でテーブルを囲んで、くだけた雰囲気の対話によって行われる手続であり、事案の内容の把握に適し、争点の整理・証拠の整理を効果的に行うことが期待される。公開法定の手続でなく、当事者が申し出た者および裁判所が相当と認める者の傍聴を許すにとどまる。」新堂幸司『新民事訴訟法（弘文堂、四三五頁）』参照。

(24) 依頼者は、弁護士や事務職員の声のトーン・表情・動作等に敏感である。忙しいとつい早口になったり疲れたような声になるが、務めて元気そうな声を出すだけで依頼者を安心させることができる。依頼者の前で困った顔・不機嫌な顔をしないこと、依頼者の前で忙しそうに走り回ったりしないことも大切である。

(25) 井上が法律相談そのものを受けることは非弁行為にあたる。しかし、何度も事務所を訪れている依頼者の場合、いわゆる「悩み」を聞いて貰うだけで心が落ち着くという理由から連絡をしてくる者が多くいる。この小山千恵子は頻繁に連絡してくる。法律相談になれば、加地に取り継ぐことは言うまでもないが、実際のところ千恵子の場合は、子供の育て方や夫との接し方等人生相談的なものが多いので、ほとんど井上が接している。

(26) 破産手続は、債務者の現在の経済状況もしくは前年度の収入、数年以内に購入した物品、数年以内に売却した物品、生命保険等への加入の有無、その他により、用意すべき書面がそれぞれ異なる。その点に注意を払いながら、詳細にアドバイスをする必要がある。

(27) 依頼者は、その日の報告は勿論のことだが、これから自分自身の紛争がどのように進行していくのかにつき心配をしている。したがって、今後の見通しを記載することは大切な業務である。

(28) 柳氏は生活に窮していた。余命僅かと分かっており、自分の亡き後、家族に生命保険を是非残したいと切望していたので、井上は、もし可能なら柳氏の希望を容れたいと考えた。解約返戻金がなければ生命保険は固有の財産と見なされず、自己破産手続においても解約せずにすむと思ったため、解約返戻金の額を調べるよう指示をいたものである。

(29) 破産の申立、その他の事件で、弁護士費用がどうしても支払えない人のために法律扶助協会で費用等を立て替えてくれる制度がある。クレ・サラ法律相談センターで受任した依頼者の中には、この制度を使う人が比較的多い。柳氏の場合には、費用を立て替えてもらい、月々五千円ずつ返済するという契約をしたが、結局四ケ月後に柳氏が亡くなり、費用の返済は免除された。

(30) 加地弁護士は、井上の労働時間・休憩時間についてほとんど拘束をしていない。するべき仕事・期日は決められているが、それさえ守れば、休憩時間等につき、ある程度は井上の自由裁量に委されている。

(31)　加地弁護士の名刺に記載されているメールアドレスに届いたメールは、原則としてすべて井上がチェックする。その上、打ち合わせの日時調整や手続に関する必要書類の問い合わせなどについては井上限りで返事を出し、契約書の正誤を問うものや法律相談については、メールをプリントアウトした後、加地弁護士に手渡すようにしている。

(32)　はっきりと断ることをしないと、何度も同じ相手から電話が架かってきて、互いに時間を無駄にすることになる。取り次ぎができない場合には、居留守を使うなどということはせず、はっきりと断るべきである。

(33)　依頼者（特に顧問先）に対する丁寧な対応も大切な仕事の一つである。例えば、依頼者の趣味、仕事の内容を覚えていて、その話をするなどすれば、場が和み親近感が湧く。

(34)　井上の勤務時間は特に厳密に決められていないが、井上自身は、始業時間は八時半、終了は加地弁護士の仕事の終了時と同時であると自認している。

(35)　不特定多数の人の居るレストラン等で話をする場合に、話題に関する注意が必要である。守秘義務という点からも外部ではなるべく仕事の話はしないようにしている。

第4章　サラ金地獄からの再起——自己破産申立事件

一　高原泰子の初来所

平成一四年八月二二日午後二時、加地弁護士が、二日ほど前に神田クレ・サラ相談センターで、多重債務(36)に関する相談を受けた高原泰子が、事務所を訪れた。薄いブルーの皺一つない半袖ブラウス・グレーのスカート・同色の布製バッグ、小柄で色白、薄化粧を施し、ショートカットが良く似合う、非常に清楚な美しい女性だった。三七歳ということだったが、年齢より若く三〇歳前後に見え、サラ金という言葉とはほど遠いイメージである。

加地弁護士は、クレ・サラ法律相談センターにおいて、泰子から一応の相談内容は聞いており、既に破産しか執るべき途はないだろうと泰子に助言してあった。そこで、まず、井上が一人で事情を聴くことになった。少し俯き加減に、しかし、感情を高ぶらせることなく、彼女が淡々と話し始めた内容は、次のような驚くべきものだった。

二　多重債務に至った事情

泰子は、一九歳で恋愛結婚して一八年が経過しており、高校二年の長女、中学一年の二女、小学校二年の長男という三人の子供がいる。親族と呼べるのは一人だけ、別居している七一歳の実母がいるが、その実母は無職で生活保護を受けている。泰子の住居は、家賃約一一万円強の賃貸アパートであるが（東京は家賃が高く、家族五人が住める住居としては決して高すぎる家賃ではない）、既に八ケ月以上家賃を滞納しており、サラ金からの債務総額は債権者主張額でおおよそ四七五万円ある。夫は、六月中旬、署名・捺印をした離婚届を置いて家を出て、そのまま蒸発してしまった。

泰子は、ここ一五年間ほど夫の職業を知らなかった。結婚時、夫は会社員であり、勿論、泰子は夫の勤務先を知っていたが、結婚して約三年が経った頃、夫は友人の経営する焼肉屋を手伝うと言って転職した。泰子は、結婚当初から夫の給与額を知らされず、生活費として毎月決まった額を受け取っていただけであり、夫の転職後も一定額の生活費を与えられていた。夫は、何度も転職を重ねたが、そのうち、妻に職場を告げることはしなくなった。しかし、二～三年前まで、生活をするのに必要なギリギリの生活費は、遅れることなく妻に渡し続けていた。

さて、平成一三年一〇月末、泰子の夫は、突然、何の根拠も告げず、もうすぐガーデニングブームがやってくるので花や野菜の苗を主とした花屋を始めると言い出し、店舗も決めたので、泰子の名義で開店資金二〇〇万円をサラ金等から借り集めるよう命じた。夫は、泰子が、夫の職業を尋ねただけでも煩がるほど干渉を嫌う質であったため、それまで、泰子は夫に何を言われても逆らうことをしなかった。しかし、その時ばかりは非常に驚き、何故夫の名義で借入れをしないのかと問うたところ、夫は自分自身は多重債務者であることを初めて泰子に告げると共に、もはや、サラ金からの借入れは不可能な状態にある事を話した。夫は、転職を繰り返すうち収入が減少し続けたが、生活費を確保するため、サラ金から借入をするようになり、その借入額が少しずつ増加してしまったということだった。泰子は、夫から話しを聞き、非常に不安になったが、やむなく数社のサラ金等から借入れを行った。泰子名義で借り入れた資金で、まもなく花屋はオープンし、夫は張り切って経営を始めた。しかし、夫の思惑は外れ、売上げは伸びなかった。泰子は、その後何度も、夫から、サラ金からの借り増しをするよう言いつけられ、結局、一〇社以上から総額五〇〇万円程度の借入れをする結果となってしまった。夫は店の売り上げを増やそうと努力したが、花屋の売り上げは伸びず、店舗の賃料を支払えないばかりか、住居の賃料も滞納し、子供の学校への納付金も支払いが滞るようになっていった。

泰子の夫は、花屋がオープンして間もない平成一四年四月中旬、花屋からはほとんど収入が得られないと判断した。夫は、泰子に店番を頼み、何とか工夫して少しでも売り上げを伸ばすよう言いつけ、自分自身は他に職を見つけた。少しずつではあるが、夫は、家に生活費を入れるようになった。しかし、花屋の売り上げは相変わらず伸びなかった。

そんな矢先、夫は、突然姿を消した。預金通帳の入っている引き出しを開けると、離婚届に署名捺印されたものが置いてあり、「迷惑がかかるかもしれないので、その時は、離婚届を出してください。できるだけ銀行送金します。」とのメモ書きが添えてあった。泰子には、「迷惑」の意味が分からなかったが、二日後の夜、恐ろしい体験をした。夜一〇時過ぎ、玄関のチャイムが鳴り、出てみると、男が二人立っていた。彼らは、いきなり「集金に来た」「金を返せ」と言いながら玄関内部に押し入り、「旦那を出せ！」「隠すとためにならないぞ！」「旦那はいつ帰ってくる！」などと騒ぎ立てた。泰子は、夫が蒸発してしまったこと、疑うのなら内部を探してみるよう男達に告げた。その日を始まりに、数多くの取立屋が頻繁に自宅を訪れるようになり、泰子は夫の言う「迷惑」の意味を知った。花屋を始めた際、既に多重債務者でありサラ金から借入れをすることができなかった夫は、高利の金融業者(37)や無登録のヤミ金融(38)から借入れを続け、そのお金を生活費や営業資金に回していたようだった。泰子は、夫の借金がいくらあるのか分からなかったが、取立屋が来る以外にも、毎日のように取立の郵便物が届き、電話がかかった。また逆に、「債務をまとめませんか」「良い弁護士を紹介します」「お金貸します」という郵便が来たり、電話が架かったりするようになった。そして、ついには、悪質な取立屋が、アパートの扉の外側から錠を取り付けてしまい、泰子達家族は部屋の中に閉じこめられてしまうような恐怖も経験した。

夫の蒸発直後、泰子は、花屋の閉店手続きをし、自分自身はパートを探した。子供三人を抱えていたので、少しでも収入の多い仕事をしたいと考え、夕方から深夜にかけスナックに勤めた。一ケ月あたり一八万円程度の収入にはなったが、滞納した家賃（住居・店舗）・店舗閉鎖の際の必要経費・サラ金への債務返済、更に子供三人を扶養し生活するのはとても無理であった。

困り果てた泰子は法律相談センターを訪れ、加地弁護士に出会ったものである。

三　方針の決定

本件の場合は、弁護士がクレ・サラ法律相談センターで債務者本人から事情の概略を聴き、本人に債務整理にはどのような方法があるのかを説明した上で自己破産にするという方針を決めていたので、今後の進行方法について、すでに井上に指示を与えていた。そこで、泰子が事務所を訪れた日には、先ず弁護士が立ち会って、クレ・サラ法律相談センターで話した内容を確認し、その後、井上が、泰子と直接話しをすることになった。井上は、泰子から、より詳細な事情や具体的数字を聴き、弁護士の指示を思い出しながら、泰子に、助言を与えたり、今後の具体的進行方法を説明していった。

「大変でしたねえ。もう大丈夫ですよ。今日、弁護士の名前で債権者……お金を貸している人のことを「債権者」って呼ぶんですけどね、その債権者に連絡をして、泰子さんの家に取り立てに行ったり電話をしたりしないように言いますからね。」

「ああ……もう大丈夫なんですね。」

「そうですよ。今、何が一番辛いですか。もちろんご主人がいらっしゃらなくなったことが辛いのはよく分かりますが……。」

「ああ……ヤクザみたいな人が騒いだり、変な電話がかかってきたり、同じアパートの人も変な目で見るし、子供の学校の費用も払えないし、家賃もたくさん溜まっている。」

「そうですよねえ、大変ですよね。じゃあ一つ一つ考えていきましょう。ヤクザみたいな人が騒ぐって言うのは『お金を返せ』っていうことでしょう。変な電話っていうのも、おそらく債権者からのものだと思うんです。ですから、これら債権者全員に対して、今すぐに連絡をとって『絶対に取り立て行為はしないように』と注意をします。弁護士から連絡が行けば、大体のところは取り立てを止めます。でもね、ヤクザみたいな人が騒ぐっていうのは、この二社だと思うんですが……こういう会社の人は、書面だけではどうしようもないと思うので、弁護士の方から電話をして貰いましょう。あとで、泰子さんが見ている前で弁護士に電話をして貰うようにしますからね。」

「ああ……今すぐしてくれるんですか……。私、今、お金ないんですけど。」

「大丈夫。今、すぐしますよ。書面は取り敢えずファックスで送り、再度郵便で送ります。悪質な業者には、『警察に訴えますよ』というような言葉を付け加えます。」

「ああ……そうすると、本当に取り立てに来ないんですか。」

「おそらくは、来ないと思います。しかし、もし手続の行き違いで、取り立てが来たら、加地弁護士の名前と事務所の電話番号を伝えて、弁護士から返済をしないように言われているので弁護士と話してください、と伝えてくださいね。騒ぐようだったら勇気を出して警察に電話してください。一一〇番にね……。」

「ああ……はい。アパートの人たちが、子供のことも含めて変な目で見るんです。」

「それは、取り立てが来たりしたからでしょう。騒ぎがおさまれば大丈夫ですよ。それより、家賃が溜まっているのでしょう。家主さんと話しをしなくてはねえ。」

泰子は、クレ・サラ法律相談センターで弁護士に指示を受けたとおり、正確な債権者名簿（債権者一覧表）を用意・持参していたので、その日のうちに、泰子の債権者宛に（泰子が連帯保証人になっている債権者を含めて）「介入通知(39)」を出せるよう準備することにした。できる限り債権者のファックス番号を調べ、取りあえずファックスで通知をした。とにかく、一刻でも早く取り立てを止めさせるためである。弁護士からの介入通知が債権者に届いた時点で、債権者は債務者に対する取立行為を禁止される。つまり、泰子は取り敢えず債務の返済を強制されなくてもすむようになり、パート収入の全てを生活費等に充てられることになる。

次に、夫との離婚届を出すことに決めた。離婚すれば、母子家庭のための諸手当が支給されることが、離婚届提出を急いだ最大の理由である。

第三に、泰子が現在居住しているアパートの明け渡しを少し待って貰えるよう、何らかの方法を考えようということになった。明け渡しを待って貰う期間については、三ケ月を目途とした。その理由は、現在、泰子には手持ちのお金がないため、引っ越しをすることができない。三ケ月間、必死に働き、できる限り引越費用をためようと考えた。また、三ケ月あれば、身辺整理や精神的な整理も少し進むと思われた。

第四に、実際に自己破算申立をするために裁判所に提出する書式を示しながら、漏れなく必要書類を揃えることを指示し、また、陳述書（報告書）に正確かつ詳細な記載ができるよう具体的数字（債務が増大した時期や金額、何にどのくらい使ったのかなど）を確認した。破産手続きは、ごく稀に時間をかけて申立をした方が良いケースもあるが、泰子の場合は、勿論、通常通り迅速な手続進行を心がけた。

以上で、取りあえず、大枠のポイントを説明したが、最後に自己破産申立をした場合の利益・不利益(40)を泰子に詳細に伝え、再度泰子の意思確認をすると共に、泰子の不安を取り除くよう、泰子の反応を見ながら、必要な点は重ねて説いた。

四　手続開始

井上が以上のように話しをした後、加地弁護士が加わって方針を最終確認し、泰子から訴訟委任状を受領し、着手金・報酬が決められ、手続きが開始された。着手金・報酬共に勿論分割受領（分割払い）[41]である。

また、夫の保証債務については、債権者にヤミ金融が混じっているため、泰子の面前で、加地弁護士がそれらの債権者に電話をし、取立を止めるよう強い口調で抗議をし、直ちに取立を止めない場合には、行政処分申立や刑事告訴も辞さない意思がある旨を伝えた。

次に、泰子が居住しているアパートの明け渡しを延期できるようにする具体的方法について考えて実行する必要があった。泰子が自己破産申立をし、破産・免責が確定すれば、これまでに滞納した賃料の支払いは法的に免除される。しかし、問題は、すぐに明け渡しをするよう求められているにも係わらず、全くお金がなく引っ越しができないことである。これに対処する具体的方法について、加地弁護士は、家主に、現在泰子の置かれた状況を正直に話して許しを求める以外に方法はない、家主に伝える内容としては、三ケ月以内に必ず引っ越しをするからそれまで部屋を貸して欲しいと願い出ることと、これまで滞納した賃料とこれから発生する賃料は免除して欲しいと願い出ることであると助言した。そして、その事情については、泰子が直接説明すると共に、泰子の訴訟代理人としての加地弁護士が、家主に書面を送付することになった。泰子は、日々、明け渡しを求められ、近所の人々からも好奇の目で見られていることに強い精神的負担を覚えていたので、早急に弁護士名による書面を発送することを望んでいたし、それが必要と思われた。

五　手続続行

泰子が、事務所を後にしてすぐ、井上は介入通知の発送につき叶に依頼した。叶は、慣れた様子で手早く通知書を作成し、加地弁護士に確認をとった後債権者宛てにファックスし、更に同じ書面を別途配達記録(42)で郵送、また、A四版の訴訟ファイル(43)を作成した。

井上は、記憶が新しいうちに、陳述書の大切な部分である「泰子が破産申立に至った経緯」を頭の中でまとめながらパソコンに入力し、次に、家主に宛てた事情説明の書面の起案をした。家主宛の書面については、いかにも弁護士が作成した権威的な書面という印象を薄くするよう心がけ、詳細に事情を説明した後、誠意を込めて詫び、許しを乞う内容とした。そして、加地弁護士の確認をとった後、叶に、速達で郵送するよう指示をした。

次の日の朝、泰子の子供が学校に出かけたであろう時間を見計らって、井上は、泰子宛てに電話を架けてみた。泰子が帰っていくときの後姿が頼りなげであったのを思い出し、不安を感じているのではないかと考えたためである。数回の呼出音の後、受話器を上げる音がしたが、電話の向こうは無言であった。

「泰子さんですか、加地法律事務所の井上です。昨夜、取立は来なかったかどうか心配だったし、心細いんじゃないかなあと思って電話しました。」

「ああ……昨夜は大丈夫でした。」

「家主さん宛の手紙は、昨日、速達で出しておきましたから、泰子さんもタイミングをずらさないように、ちゃんとお願いに行ってくださいね。」

「ああ……家主さん、あんな虫のいいこと認めてくれるでしょうか。」

「とにかく、話してみないと分からないし……何としてでも認めて貰わないとどうしようもないでしょ。ところで、食べる物はあるんですか?」

「ああ……ほとんどない……給食費払ってなくても、子供は一食は給食食べさせて貰えるんで……」

「お米はあるの? 大変だと思うけど、引っ越しできるまで、夜の仕事以外のパートも探して、少しでもお金貯めないとね」

「ああ……そう……そう思ってたんです。昨日、離婚届を出して、役所で補助のこと聞いて……手続に少し時間がかかるみたい……その後パートも探してみました。」

泰子は、抑揚のない話し方をし、声から喜怒哀楽を汲み取ることはできなかった。

その日から一週間ほど、井上は、債権者から債権届が届くのを待ち、提出がない債権者に対しては早く提出するよう、催促の電話を入れた。債務整理の中でも、任意弁済をするケースでは、弁済開始を特に急ぐわけではなく、むしろ、ゆっくりと弁済を開始した方が、債務者の精神的・経済的なものも含めた身辺整理ができるので、債権届の提出をせかさない。しかし、破産の場合には債権届が揃わないと（つまり、債務超過(44)あるいは支払不能であることを証明できないと）手続進行ができないため、急ぐのが通常であり、特に泰子の場合には急を要していた。結局、泰子の債務総額は、介入通知発送から二週間程で明らかになったが、金四七三万余円と連帯保証保証債務金二〇〇万余円であった。

井上は、泰子の場合については、手続を迅速に進行するのと同じくらい、彼女の精神面のフォローが大切であると考えた。夫が突然蒸発し、離婚届が用意されているのを発見し、取立屋に押しかけられ、大声で騒ぎたてられ、夫にヤミ金からの多額な債務のあるのを知り、室内に閉じこめられ、その他諸々を一度に体験した女性が、三人の子供を守りながら一人で冷静に手続を進めるのは大変なことだと思われた。井上は、泰子が比較的余裕を持つ時間帯を知るようになり、度々電話をした。

「泰子さん、その後、取立屋は来ません？」

「泰子さん、事務所にアパートの大家さんから電話がありましたよ。加地弁護士が色々と説明してお願いして、結局、泰子さんの頼みを聞いてくれることになりましたよ。良かったですね。もう家賃のことは心配しないで、これから先のことだけ考えて頑張って行きましょうね。」

「泰子さん、体調は大丈夫？」

「泰子さん、必要書類の準備は順調に進んでいます？　分からないことありません？」

「泰子さん、新しい仕事慣れましたか？　昼夜両方じゃ疲れるでしょ。」

などと、二週間ほど、ほぼ毎朝のように、泰子に電話をした。泰子の反応は初めの頃とほとんど変わることなく、喜怒哀楽を現さなかったが、徐々に様々な内容の話しをするようになっていった。

泰子の一日はひどく忙しかった。月曜から土曜までの夕方六時から午前二時まではスナックに勤め、午前一〇時から午後四時までは日曜を含めほとんど毎日コンビニエンス・ストアで働いた。自宅からスナックまでは、徒歩で四五分、自転車で二〇分程度を必要とし、便利な交通機関はなく、泰子は天候に係わらず自転車で通い続けた。布団に入るのは午前三時から四時の間、そして、どんなときにも午前七時半には一度起き、夕飯を共にできない子供達と一緒に朝食を摂った。泰子は、そのような事実を淡々と伝えるだけで、辛い・苦しい・悲しいなどという言葉は一度も発しなかった。

六　中立書面作成

泰子は、初めて加地法律事務所を訪れてから約二〇日後、戸籍謄本・住民票・過去二年分の預金通帳の写し等を初めとして、各種書類を揃え、再び事務所にやってきた。泰子は、相変わらず清潔なイメージで、破産の準備をしながら昼夜働き続けている女性のようには見えなかった。書類のチェックは、泰子と様々なことを話しながら、まず、井上が単独で行った。給与明細書から、泰子が、スナックで自分の長女の名前を源氏名として使っていることが分かった。井上が、

「あら、お嬢さんの名前を使っているんですね。」

と問うと、泰子は恥ずかしそうに、

「ああ……お店にいるとき、あの子の名前で呼ばれると、あの子が一緒に頑張ってくれているような気がして。あの子は、今の状態をよく解ってくれて、この頃、アルバイトで稼いでくれます。二女は、下手だけど、食事の支度と下の子の面倒を見てくれるようになって……」

と、泰子にしては饒舌になり、初めて嬉しそうに笑った。

戸籍謄本を見ると、離婚手続きは完了し、子供は全員泰子の籍に入っていた。預金通帳の写しを見てみると、蒸発した夫から、一万円が一回、一万五、〇〇〇円が一回振り込まれていた。また、役所で各種補助金交付の手続きを済ませ、もうしばらくすると交付が開始されるということだった。破産の手続は、難しいことは何もないが、必要書類等少々面倒である。しかし、泰子は、正確に理解し、書類は不備なく準備されていた。

井上は、予め分かる範囲で準備してパソコンに保存してあった破産申立書・報告書等の書面に、泰

子が準備してきた書類を見ながら追加事項を記入するよう叶に指示をした後、事件受任後の手続の進行状況について泰子に説明を始めた。

まず、泰子が現在居住しているアパートの家主との交渉について説明をした。泰子が初めて事務所を訪れた日に、家主に速達郵便で事情説明をし、滞納家賃の支払免除と今後三ケ月間の家賃支払免除を認めて欲しいと願い出たことは、以前にも泰子に伝えてあったが、泰子にその手紙を見せた。

「親切な家主さんで本当に良かったですね。この手紙が着いた頃を見計らって、加地弁護士が家主さんに電話をして、事情を細かく説明して了解して貰ったんですよ。家主さんは初め驚いていたみたいで、少し考えさせて欲しいということだったけれど、二日後に電話があって、まあ、仕方ないなって感じで、三ケ月間待ってくれることになったんですよ。泰子さん、ちゃんと家主さんのところに行きましたよね。」

「ああ……行こうと思ったけど……何だか……」

「えぇっ、行っていないんですか。今日、帰ったら必ず行ってお礼を言ってくださいね。泰子さんも大家さんのおかげで救われたんだから。」

「ああ……やっぱり行かなくちゃいけないですね。行きます。」

「ご主人からは、何か連絡がありましたか。」

「ああ……一回電話がありました。離婚届を出したって言っときました。」

「ご主人は、なんて?」

「ああ……別に特に……お金ができたら送金するって。ああ……それから、送ってもらった食べ物、子供が喜びました。二女がこの井上って人だれって訊きながら、料理作ってました。」

泰子は、この時初めて、しまっておいた感情を少しずつ外に現し始めたように見えた。井上は、報告書の中の「破産に至った経緯」を、泰子に再度読んでもらい間違いないかどうか確認をとった。最後に、井上は、泰子に対し今後の手続進行予定を時系列順に説明し、おそらく三~四日後に破産決定が出るであろうこと、その日から四週間後頃に免責審尋[45]が行われるであろうこと、更に四週間程度後に免責決定[46]が出されるであろうことなどを伝えた。

泰子が事務所を去った後、井上は、全ての書面・書類を叶に託した。叶は、申立書を初め他の書類を一部ずつコピーし、裁判所に提出できるような形式に整え[47]、必要な印紙や郵券と共に、加地弁護士に最終確認をしてもらうため、加地弁護士の机の上に置いた。

七　破産申立

平成一四年九月一六日午前九時、叶は、泰子の破産申立書類一式を東京地裁民事二〇部に提出し、即日面接[48]の予約をとった。東京地裁では、破産申立に本人の同行は必要なく、弁護士によって規定通りに揃えられた書類があれば破産決定を得ることはそれほど難しくない。特に、クレ・サラ法律相談センター経由で受任した事件については、裁判所の弁護士に対する信頼が高い(49)と言われている。加地弁護士は、指定された同日一一時に東京地裁に出かけ、裁判官面接の後、同日午後五時に高原泰子に対する破産決定があるとの言渡を受け免責審尋の期日が決められた。

その日の夕方、井上は、泰子に電話をした。

「泰子さん、破産の決定が出ましたよ。」

「ああ……そうですか。ありがとうございます。もう大丈夫なんですね。もう心配ないんですね。」

「うーん、正確に言えば免責が確定した時点で法的責任は全て免除されるので、おそらく今年の暮れぐらいでしょうかねえ、何の心配もなくなるのは。」

「ああ……それじゃあ、また何か起こるかもしれない……」

「大丈夫ですよ。今のは法的責任について言っただけ。だって、弁護士がきつく注意して以来、取立屋は来ていないでしょ。それから、家賃のことも一一月末までは心配ないんだから。とにかく、今は健康に気をつけて引っ越しの費用を貯めることだけ考えて。」

「ああ……引っ越しね。とにかく、今は仕事。ああ……今日もそろそろ行かなくちゃ。」

破産申立日の二日後、裁判所から泰子の破産決定書が届いた。コピーを取り、原本を泰子宛に郵送した。

八　破産・免責確定後の泰子

その後、泰子は必死に働き続けた。スナックでの収入が二五万円程度受け取れるようになり、コンビニエンス・ストアでの収入が七万円以上、合計の手取りが三〇万円を超した。それに加え、公的扶助も得られるようになった。債務の返済はストップしていたし、アパートの賃料も払わなくて良いという家主の温情があったため、引っ越しに向けての貯金は順調に進んでいた。

それから約四週間後の免責審尋期日は、泰子も東京地方裁判所に出頭した。東京地方裁判所では、集団審尋[50]が行われている。免責審尋の際は、弁護士と当事者以外は法廷に入ることは許されないが、井上は、泰子と会い、その後の様子を確認したいと思ったため、加地弁護士とともに裁判所に出かけ審尋の終わるのを待った。泰子は、一時より更に痩せてはいたが、表情は以前に比べ落ち着いていた。そして、相変わらずきちんとアイロンが当てられた白いブラウスの上にグレーのカーディガンを着て清潔な雰囲気であった。審尋終了後、加地弁護士は、泰子を、裁判所地下の喫茶室に誘った。まず、加地弁護士が泰子に説明をした。

「今日で、高原さんがしなくてはならない手続は全部終わりましたよ。高原さんの場合には、免責に対する異議[51]がでることは考えにくいので、四週間で免責は決定するでしょう。事務所に免責決定が送られてきたら、高原さんに送りますね。大切なものなので、この間送った破産決定と一緒に保管しておいてね。これからも、何か困ったことがあったら、うちの井上さんに相談してね。」

井上は、泰子に「免責に対する異議申立」の意味を説明し、他に質問がないかどうかを確認した。更に、もし、引っ越しをすることが決まったら、必ず新住所を知らせてくれるように告げた。また、引っ越しをする前に、これまで世話になった家主に、礼を言うことを忘れないようにと付け加えた。

平成一四年一一月一四日に免責決定がなされ、井上が泰子に免責の決定書を送付した直後の同月一八日、泰子から引っ越しをするという連絡が入った。井上が、引っ越し費用について尋ねると、泰子は笑いながら、

「ああ……ほんとに安いオンボロアパートだから……それでも、少しお金が足りなくて、友達が出してくれました」

と述べた。井上は、破産者に対しては悪質な金融業者から融資の勧誘がくることが多い[(52)]が、どんなことがあってもそのような業者から借金はしないように、どうしたらよいか分からなくなったらいつでも電話で相談するように、今後二年程度は住所や連絡先が変更になるときは加地法律事務所に連絡を入れてくれるようにと伝えた。

泰子が新たに借りたアパートは、築三七年の木造アパートで、敷金・礼金不要、家賃三万五、〇〇〇円の物件ということだった。泰子は、

「本当にすごく汚いんです。いつ取り壊すか分からないんで、新しい人を入れないようにしていたらしいんだけど、友達の紹介の不動産屋さんが、たぶん、二〜三年は壊さないだろうって……それで、もし壊すときには文句を言わないで必ずすぐに出て行くからって約束させられて……ああ……でも敷金とか払えないから仕方がなかった。」

と語っていたが、それほど暗い感じではなく、むしろ井上には、泰子が人生はこれからというような希望を持っているようにさえ感じられた。泰子は、友人の軽トラックで、友人とその夫に手伝ってもらい、引っ越しを済ませたということであった。

その年の一二月も末に近づいた頃、井上は東京地方裁判所民事二〇部に電話を入れてみた。泰子の免責が確定したか否かを調べるためである。免責は確定しても裁判所から連絡が入るということはないので、時期を見計らって問い合わせをするしか方法がない。結局、平成一四年中には、泰子の免責は確定せず、平成一五年一月八日に、免責が確定した。

弁護士費用に関しては、着手金・報酬共で金四〇万円プラス消費税その他手続実費[53]として二万円を受領する約束になっていた。免責審尋が終了した時点で、二万円の入金があった。その後は、忘れた頃に一万円ずつ四回の送金をしてきた。加地弁護士は、入金の通知を見る度に、苦笑いをしながら、

「まあねえ、きれいな人だったから、会えたこと自体が報酬だったと思うしかないかな。でも、こんな事ばかりしていたら、井上さんの給料も払えなくなるねえ。」

と、冗談を言っていた。泰子は、引越先の住所や新しい携帯電話の番号も知らせてくれていたので、井上は、泰子の引っ越し後も、何回か電話をしてみた。

「泰子さん、井上です。どうしてますか。元気？」

「ああ……今、夜だけ働いてます。今も、自転車で……。時給少し上がったし、少しは楽になった。今は、大体二七万円ぐらいもらっているかなあ。ああ……なかなか、弁護士費用払わなくて……すみません。少しずつ、最後まで払いたいと思ってるんだけど……。」

「泰子さん、簿記二級持っていたのよね。そういう特技を活かせる仕事を見つけられるといいのかなあ……。」

「ああ……あたしもそう思ってた……。子供と一緒に夕飯食べられる仕事がいいなあって……。」

そう話す泰子の声は、相変わらず喜怒哀楽が少なかったが、いくぶん明るくなり、縛り付けられていたものから吹っ切れたという感じであった。泰子なりに、貧しくとも自分の生活スタイルを確立したのであろう。

その後、現在に至るまで、泰子からの連絡はないし、入金も途絶えている。井上は、これ以上連絡を取らないことにした。かえって、泰子の精神的重荷になってはいけないと考えたためである。おそらく、成長し続ける三人の子供とともに一生懸命生きているのだろう。

(36)　複数の金融機関・サラ金等から金を借り、通常の返済ができなくなっている状態のこと。
(37)金融業者としての登録はしていたとしても、法外な利率で貸し付けを行う業者がある。例えば一週間で三割の利息を取る業者なども珍しくない。具体的に言えば、一〇万円を借りようとすると、一〇万円の借用書を書き、三割の利息である三万円を前払いし、手取り七万円を受け取る。そして、もし借り続けるのなら、一週間毎に三万円ずつの利息を支払い、完済したいのなら六日目までに一〇万円を支払う。要するに七万円を完済するために一週間目で一〇万円の返済、二週間目で一三万円の支払い、四週間目で一九万円を支払わねばならない。
(38)　ヤミ金融というのは、登録をしない（ヤミで経営している）金融業者のことで、本社地を定めず携帯電話番号のみしかわからない業者も多くあり（〇九〇金融とも呼ばれている）、刑事告訴等をしたいと考えたとしても、扱いが面倒である。たとえ登録があったとしても、法外な利息の業者を、広くヤミ金融業者・高利金融業者などと呼ぶ。
(39)　介入通知は、基本的に三種のパターンを用意してある。弁護士が債務整理に介入したことを知らせるごとく一般的な通知から、やや悪質な業者向けにきつい文句で取立禁止を通告してあるもの、より悪質な業者は取立行為をした場合には行政処分や刑事告訴も辞さないことを記載してある。更に、嫌がらせを繰り返している業者に対しては、書面送付に止まらず加地がすぐに電話をして交渉にあたる。高原泰子の場合は、一般的な書面のひな形に加え、業者を選んですべてのパターンを使った。
(40)　泰子の場合に、自己破産申立をすることの不利益はほとんどないが、職業によっては免責が確定するまで、職業に就くことができなくなる場合もある。主に他人の金・財産を管理するような職業（弁護士・税理士・保険会社勧誘員・保険会社集金員・ガードマンなど）などは、免責確定までの間他の職業を探す必要がある。ただし、大きな利益として、免責が確定すれば、全ての債務が免除されることが挙げられる。そもそも、自己破産・免責の理念は、債務者の社会復帰にあるため、それほどの不利益は考えられない。
(41)　弁護士の着手金は、事件に着手したときに受領するのが原則である。しかし、泰子のような場合に、着手時に、着手金を受領するのは不可能である。従って、分割払いの契約をする。余談ではあるが、クレ・サラ法律相談センターで受任したような場合には、着手金どころか実費すら貰えずに依頼者が行方不明になってしまうことも間々ある。加地弁護士は、それでも、困窮する人を救うのが自分の使命であると考え、仕事を断ることは少ない。

(42) 郵便物の引受けと配達のみを記録する郵便。書留より簡単で料金も安い。

(43) 訴訟ファイルは、期日進行表・訴訟費用記録に続き、半透明のファイルポケットを三枚付け、その後に申立書等を綴っている。これは、他の一般民事事件でも同様であり、ファイルポケットには、書証原本・その他依頼者から預かったものなどを入れるようにしている。ファイルの背表紙には当事者名・事件名・事件番号を、表紙には当事者名（電話番号）・事件名・事件番号・裁判所名（電話番号）・裁判官名・書記官名等を記入する。

(44) 負債（債務）が資産（財産）を上回った状態。

(45) 免責の不許可事由がないかどうかについて裁判官が当事者に対し審尋（面接）を行う。例えば、破産に至った原因が、債務者の浪費等による場合はには免責決定がなされない。

(46) 免責の不許可事由がないことが判明すれば裁判官が免責決定を出す。免責が確定すれば、全ての債務の返済は免除される。

(47) 東京地裁では、書類・書面の順序、記入方法等につき非常に細かく提出方法を規定してある。各裁判所により、方式が異なるので確認が必要である。

(48) 破産申立を行った日に、弁護士のみが裁判官の審尋を受け、特に問題がなければ、破産が決定する。その日のうちに破産審尋を行うことを即日面接と呼んでいる（東京地裁の場合）。

(49) 非常に残念なことであるが、サラ金業者と組んだ提携弁護士が問題になっている。そのような状況の中にあり、クレ・サラ法律相談センターからの仕事を受けている弁護士は信念を持って多重債務者の救済にあたっているため、裁判所の信頼が高い。

(50) 破産者が複数（数十人）法廷に入り、裁判官と集団面接を行う。実際は、面接というより裁判官からの訓辞といった方が相応しい内容である。
(51) 悪質な借入をした場合など、債務者から「破産者は免責するに相応しくない」という趣旨の異議が提出される可能性がある。しかし、実際に、その異議が出ることは少ないし、出たとしても認められにくい。
(52) 破産者は官報に掲示される。破産者に対しては、普通のサラ金は融資しないが、悪質なヤミ金等がＤＭなどで「融資します」「保証人なし即日融資」などの甘言で誘惑することが多い。
(53) 自己破産の申立をするためには裁判所に一四、一七〇円の予納金、一、五〇〇円の印紙、四、〇〇〇円分の切手を提出する必要がある。

第5章　勝っても取り戻せないもの――貸金返還請求事件

一　過去の出来事

加地弁護士は、二五〜二六年前、弁護士になり立ての頃に、柳沼利美が申し立てた離婚調停申立事件の相手方である利美の夫の代理人を受任し、その際、利美と知り合った。中立人である利美に代理人がついていなかったため、加地弁護士と利美が直接接触する機会が多くあった。利美の夫は、アルコール依存症であり、家族に対し暴言を吐いたり暴力を振るったりするため、利美と二人の子供は、共に精神的・肉体的に追い込まれ、利美は離婚を強く希望するようになり、調停の中立をした。しかし、夫は、アルコール依存症を治すには利美の協力が必要であるし、家族のために立ち直るよう努力するので、夫婦関係を修復したいと強く願っていた。結局、加地弁護士が、調停委員らに、アルコール依存症の夫が妻である利美を必要としていること、また、子供にとって将来にわたって父親は絶対に必要であることなどを力説したことなどが功を奏してか、調停は取り下げられ、離婚は成立しなかった。

加地弁護士は利美からの電話を受けたとき、現在柳沼夫妻は何とかうまくやっているのだろう、そして、調停の際に加地弁護士が一生懸命に努力していた姿を思い出した利美が、加地弁護士にそれなりの信頼感を感じ、何らかの相談を持ちかけようとしているのだろう、と考えていた。加地弁護士は、これまで事件で知り合った女性の中で特に印象に残るほど美しい利美の輝くような容貌をよく覚えており、井上にもそのことを話していた。しかし、平成一五年二月二五日、体格の良い子供に抱きかかえられるように事務所に現れた利美は、五七歳だということだったが、骨が浮き出るほどやせ細り、青く憔悴しきった顔つきは病人そのものだった。井上は、加地弁護士から聞いていたイメージとあまりにもかけ離れた利美の姿を見て、違う人が現れたのかと思い、加地弁護士も、そんな利美の姿に驚いたが、

「お久しぶりでしたね。お元気でしたか。」

と、さりげなく尋ねた。利美は、不思議そうな顔をして加地弁護士を見、無言であった。加地弁護士は、重ねて、

「利美さんが離婚の調停をしたでしょう。あの時のご主人の代理人は私だったんですよ。それを覚えていて訪ねてくださったのかと思っていました。」

「いいえ、違います。私が問題を抱えていることを知った主人が、じゃあ、加地さんという弁護士

さんに相談しなさいって。」

利美は、加地弁護士を覚えていないようであったが、加地に促されて、近況報告を始めた。調停を取り下げた後も、夫のアルコール依存症は改善されず、利美はそんな夫を人間として拒み続けたが、三年ほど前、夫は脳梗塞発作を起こし半身不随になってしまった。その後、夫は入退院を繰り返し利美が看病をしている。子供は二人とも結婚し独立している。

夫は、半身不随になった後、やっと酒を止め、自分自身と利美とが共に暮らすべく将来のプランを考えた。そのプランとは、半身不随の身体では居住することが不自由な戸建ての自宅を売却し、退職金と合わせた約七、〇〇〇万円のうちの一部で、夫婦二人が暮らせるバリアフリーのマンションを購入し、残りのお金で小さなアパートを建て、家賃収入と年金とで生活しようというものであった。夫は戸建て住宅ではどうにも生活ができない状態だったため、取り敢えず賃貸マンションに引っ越し、持ち家はすぐに処分した。

利美は、夫の指示によりアパート経営をすべく、まず「有限会社ヤナギ」を設立した。住居用マンションを買うにしても、経営しようとしているアパートを買うにしても、高いものであるため慎重にしようということで、約七、〇〇〇万円のお金全てを銀行に預けた。銀行の口座は夫名義であったが、通帳・印鑑共に利美が管理をしていたということである。

二　旧友との再会と金銭トラブル

平成一三年暮れ、利美は病院に夫を見舞った帰り、偶然、学生時代の友人橋本順子に出会った。順子は、高級外車を運転し派手な服を着て羽振りが良さそうに見えた。利美は順子に誘われるまま喫茶店に立ち寄ったが、その頃の利美には親しい友人がなく、夫の看病だけの毎日だったため、順子と二人で久しぶりにたわいもないおしゃべりをしたことが、ひどく楽しく感じられた。利美は、久しぶりに合った順子に、夫が入院していること、七、〇〇〇万円ほどの預金を持っていること、居住用マンションを購入しアパート経営をする計画があるため有限会社を設立して利美が社長になっていることなどを、無防備に話してしまった。順子も、親しげに隠しもせず身の上話しを打ち明けた。順子は、一度離婚し再婚したこと、三人の子供がいるが現在は夫と不仲となり別居中であること、学校卒業後様々な仕事をしてきたことなどを話した。その日は、約二時間ほどおしゃべりをし、また、会おうと約束して別れた。

二回目に、利美と順子が会ったのは、それから約一〇日後だった。順子の提案で、ホテルのしゃれたティーラウンジで待ち合わせをしたが、利美は、順子が美しく、実年齢より一〇歳以上若く見えると感じた。順子は、それまで利美が知らなかったような世界で現実に生活しているようであり、その日、利美が順子から聞いた話しも、利美には想像しがたいようなものであった。順子は、かつて大手生保会社に勤務し全国で一番の成績を上げた経験があること、順子自身がオーナーになり和食の店やクラブを経営し大層儲かった経験があること、仕事の関係で政界や財界に非常に顔が広いこと、現在は自分自身で金融業を営んでいることなどを語った。順子の営んでいる金融業は、時代の波に乗り、経営は順調であるということであり、運転している高級外車も自分自身の所有であるし、港区内（東京の高級住宅地）に戸建住宅を二軒所有し、別居中の夫からの仕送りを当てにしなくとも、順子の収入だけで子供を育てていくのに何の不自由もないことなどを話した。話術が巧みな順子の話を利美はすっかり信じ、順子に対し尊敬の念さえ感じるようになった。利美が預金してある七、〇〇〇万円について、順子は、それが如何に低利でくだらないお金の管理・運用方法であるか、自分だったらどのようにしてお金を動かすか、数字や図を書きながら説明した。ブランドものに身を固め、専門用語らしき言葉を交えながら順子が話す内容は、利美にとって信じるに値し、また、大変説得力のあるものだった。世間知らずの利美は、この日から、順子の言葉が絶対のものとなった。

それ以降、順子は自分の商売上の関係者を、利美に多数紹介するようになった。知らない名前の会社の社長や重役であっても、また、話しの内容は分からなくても、利美の目には、順子は自分自身とは遠くかけ離れた、素晴らしく有能な人物のように映った。利美は、そのような順子の知人らに紹介される際、「有限会社ヤナギ・代表取締役」という名刺を出したが、そのような紹介のされ方をし、徐々に自分自身も実業家の仲間入りをしたような錯覚に陥っていった。彼らは、利美にはよく理解できない内容の話しをしていたが、とにかくお金を動かして、たいそう儲かっているような印象を受けた。

平成一四年一月二三日、利美と順子が再会して間もない頃であったが、順子は利美に、自分が経営している金融会社の得意先で年利七〇%で融資している先があるが、今、順子の手持ち資金が不足しているので、利美を貸主、順子を借主として融資をしてみないかと持ちかけた。金利は利美の出資額に応じて異なるが、最高で年利六〇%程度までは考えても良いとのことであった。その頃には、利美は、順子をすっかり信用していたので、同年同月二四日に金二〇〇万円、同年三月四日に金三五〇万円、同年五月一四日に金三〇〇万円、同年六月二〇日に金二〇〇万円の、合計一、〇五〇万円を年利六〇%の約束で順子に貸し付けた。

次に、順子は利美に対し、不動産の売買は非常に儲かるということを話し投資を勧めた。その話というのは以下のようなものであった。二週間以内に現金を支払う条件付きで、三、九〇〇万円の土地がある。その土地は、分割して売却すれば安くても四、八〇〇万円程度で売れることが予想される。株式会社アトラスという会社が、その土地を購入して建売住宅にしたいと思っているが、急な話しであり資金が不足していて購入できない。しかし、この話しを他の業者に持って行かれるのは、いかにももったいないので、利美が株式会社アトラスと組んで購入・売却してみないか。このようなことをするのが本当の投資家である、是非試してみないか、と順子は利美に強く勧めた。当初、利美は迷ったが、順子の強い勧めと、株式会社アトラスがすべての手続をしてくれたうえ、配当として売買利益のうちの六割（少なくとも五四〇万円）を利美にくれるという言葉を信じ、結局、土地を自分の目で確認することもなく、それまでに何度か会ったことがあり順子の取引先であるという株式会社アトラスの社長松井敏夫に、平成一四年七月八日、三、九〇〇万円の現金を預けてしまった。

その頃になって、利美は、貸したり預けたりした金額の合計が五、〇〇〇万円近くになっているのに気づき不安を感じた。そして、順子に、金一、〇五〇万円は何時ごろ返してくれるのか知りたいと申し出た。順子は、利美に、現在は資金不足なのでもう一度貸して欲しい、そうしたら、一、〇五〇万円も含め早急に返済できると告げた。利美はやむなく、同年七月二五日に順子が遠山という人物に貸しつけるという七〇〇万円を、同年七月二七日に同じく吉永に貸しつけるという六〇〇万円を順子に手渡した。しかし、貸した金員は帰って来ず、株式会社アトラスに預けた三、九〇〇万円は凍結状態のままだった。

利美が焦りだした同年の八月中旬頃になり、順子は株式会社アトラスの松井と共に利美の元を訪れ「これまで借りたお金や投資したお金を全て精算するので、利子等を計算するために、借用書やその他の関連書類を見せて欲しい」と言い、利美の手元にあった順子や株式会社アトラスを巡る借用書等を含む書類の多くを巧みに持ち去り、それらの書類等は利美に返還されないままになってしまった。

自分の手持資金がほとんどなくなったことに益々焦りを感じた利美は、早く何とかして欲しいと順子に訴えたが、順子は、のらりくらりと交すだけでお金は返ってこなかった。平成一四年も終わろうとしている頃、利美はこれまでのことを、半身不随の夫に全て打ち明けた。夫は激怒し、利美は自殺まで考えたが、子供に励まされ、夫に指示されたとおり、加地修法律事務所を訪ねたものである。

三　事件への着手

初めて、利美と会ったとき、井上は、利美の精神状態を気づかった。視点は定まらず、表情はない、白髪混じりの髪に櫛の入った感じはなく、化粧っけのない青い顔、ほとんど無言であったが、時々消え入るような小さな声で支離滅裂な要領を得ない話しをしていた。整理されていない書類のようなものを手提げ袋いっぱい持参していたが、子供が利美から経緯を聞いて事情を書いたもの、不完全な領収書の写し、手書きの数字がたくさん並んでいる紙、月謝納入袋に印鑑を押してあるような意味不明なもの、数年前に取得した不動産の登記簿謄本など、説明を受けないと何を説明・立証しようとしているのか分からないような書類・書面類が多かった。

一回目の打ち合わせでは、利美が橋本順子という女に多額の現金をだまし取られたらしいこと、順子の親しい知人である株式会社アトラス社長松井敏夫も事件の一端を担っているらしいことぐらいしか分からなかった。

加地弁護士が、ほとんど口を開かない利美の代わりに、同行していた子供に対し、いくつかの質問をしたが、子供はその質問に答えることなく、一方的に、インターネットで勉強したという法律知識を口にし、この事件はどうすれば解決できるかということを力説した。加地弁護士は、柔らかな口調で、

「もう一度、お聞きしますが……」

と、質問を繰り返したが、子供の対応は変わらず、自分自身が学んだという解決方法について執拗に語り続けた。ついに、加地弁護士は声を荒げ、

「何を言っているんですか。あなた達は、私に相談しに来たんでしょう。事件を解決する手助けをして欲しいと言ってやってきたんでしょう。それなのに、私の質問には答えず、自分が考えた事件の解決方法ばかり話している。そんなによく解決方法を知っているのなら、早く帰って、自分たちで解決しなさいよ。」

と言った。びっくりした顔の子供は、一度は反抗的な目つきで加地弁護士をにらんだが、その後無言になり、

「申し訳ありませんでした。助けてください。」

と、態度を軟化させた。そんな中、加地弁護士は、利美らに対し、揃えるべき書類を指示し、それ

らの書類が必要な理由を説明したうえで次回の打ち合わせの約束を取り付けた。加地弁護士が、手帳を取るために会議室の席を立った際、井上は、ずっと無言で無表情の利美に向かって口を開いた。

「柳沼さん、現状は現状として受け止めるしかないけれど、これから先は、加地弁護士が応援しますから、一緒に最善の方法を考えましょうね。」

「……私なんか死んだ方がいいかとも思うんです、本当に。主人が、私を毎日責めたてるのが辛くて……。」

「とにかく、次回の打ち合わせまでに、今日、加地弁護士に言われたことをよく思い出して間違わないように書類を整理したり、思い出したことを書いたりしてくださいね。分からなくなったら私に電話して聞いてください。」

利美の目つきは相変わらず虚ろであった。

席に戻ってきた弁護士は、

「さ、じゃあ、さっき言ったこと、忘れないように。全部、準備してきてね。私は、この事件を引き受けようとは思っていますが、相当難しい事件だということは頭に入れておいてくださいね。それから、これは当然のことだけど、これ以上だれに何と言われても、お金は一切出さないようにね。」

と念を押し、第一回目の打ち合わせ終了を告げた。

第二回目の打ち合わせは、その八日後に行われることになったが、その間に、井上は、弁護士側の認識と利美の訴えとの間にズレが起こらないようにするため、預かった僅かな書類や利美から聞いた話しを元に、簡単に事件を整理してみた（別表Ⅰ参照）。結局、利美の主張によれば、利美は順子に対し合計金二、三五〇万円を貸し付けており、順子から紹介された株式会社アトラスに土地売買代金として金三、九〇〇万円を預けていた。要するに総合計で金六、二五〇万円もの大金が、利美の手から順子とその関係者へと流れていたのである。

〈別表Ⅰ〉

柳沼利美の主張（時系列による整理）

① 平成一三年暮れ　利美は久しぶりに順子に出会う。その後急速に親しくなった。
② 平成一四年　一月二四日　順子宛二〇〇万円貸付（約定年利六〇％）
③ 三月　四日　順子宛三五〇万円貸付（約定年利六〇％）
④ 五月一四日　順子宛三〇〇万円貸付（約定年利六〇％）
⑤ 六月二〇日　順子宛二〇〇万円貸付（約定年利六〇％）
⑥ 七月　六日　順子に紹介された株式会社アトラスが土地を購入するのに際し現金三、九〇〇万円を同社代表取締役松井敏夫宛貸付。
⑦ 七月一四日　順子に対し②～⑤の返済期日を尋ねた。
⑧ 同日　順子は追加貸付を条件に②～⑤を早急に返済する旨を回答した。

⑨　七月二五日　順子（遠山）に対し七〇〇〇万円追加貸付（利率の定めなし）
⑩　七月二七日　順子（吉永）に対し六〇〇〇万円追加貸付（利率の定めなし）
⑪　八月　中旬　順子と松井に利美の保管していた借用書等すべてを引き渡した。
⑫　八月　下旬　順子に対し、早くお金を返すよう催促を始めた。
⑬　一二月　下旬　利美は夫に手持ち資金の大部分が無くしたことを告げた。
⑭　平成一五年　一月　初旬　利美は夫から加地弁護士に相談するよう指示を受けた。
⑮　二月二五日　利美が初めて事務所を訪れた。

第二回目の打ち合わせの日、利美は、前回と同じく子供に付き添われて事務所に現れた。顔色は相変わらず青く、目は宙を見ているようであった。その日、加地弁護士と井上は、利美が持参した書類の類を利美の目の前で整理したが、それらは目を疑うほど杜撰なものであり、原本を順子に全て持ち去られた借用書等は全てコピーであった。別表Ⅰに示してある番号に沿って、利美が持参した借用書等の写しを整理すると次の通りである。

貸付金②　二〇〇〇万円　有効な借用書写し
貸付金③　三五〇〇万円　日付と金額が記載された利美の名刺写し

貸付金④　　三〇〇万円　　宛名・捺印のないワープロ打ちの借用書写し
貸付金⑤　　二〇〇万円　　宛名・捺印のないワープロ打ちの借用書写し
貸付金⑥　　三、九〇〇万円　　土地登記簿謄本、有効な借用書写し
貸付金⑨　　七〇〇万円　　第三者遠山武光の順子宛借用書写し
貸付金⑩　　六〇〇万円　　第三者吉永浩の順子宛借用書写し

なお、⑥に関して、二回目の打ち合わせの際、すでに、所有権は第三者のもの(54)であることが判明していた。

以上の借用書等の写しを分類・整理を終了した時点で、井上は、加地弁護士を呼び別表Ⅰと共に差し出した。加地弁護士は、それらを見ながら、利美に向かって話しを始めた。

「率直に申し上げますけれどね、がっかりしないでくださいね。私の勘では、このお金を全部取り戻すことは難しいような感じがしますね。勿論、私もできる限りのことはします。でもね、例えば、利美さんは、②~⑤について年利六〇％の約束をしたと言うけれど、そんな記載は借用書のどこにもないし、借用書の形式を整えているのは貸付金②と⑥に関してだけでしょ。この株式会社アトラスの借用書⑥は有効なものですが、裁判というのは勝ったとしても必ずお金を取れるとは限らないんですよ。それから、貸付金⑨⑩は第三者が順子さんからお金を借りましたという借用書でしょ、つまり利美さんには何の関係もない借用書なんですよ。」

「でも、先生。遠山にお金を貸した時も吉永にお金を貸した時も、順子さんと一緒に私が現金を持参して手渡しして、私が借用書を貰ったんですよ。」

「それはそうかもしれませんが、借用書の宛先は順子さんになっているでしょう。」

「でも、それ以前に、私は遠山や吉永に紹介されて面識があったし、順子さんは、もう一度お金を貸してくれれば、前の分も含めて全部すぐに返すって言ったから、現金を用意して出かけたんです。だから、だれが何と言おうと、全部、私のお金なんです。私の貯金を順子さんに貸して、そのお金を順子さんが他の人に貸したんです。」

なおも話し続けようとする利美を、弁護士は制止した。

「あなたが悔しいと感じる気持ちはよく分かりますよ。でも、今は、利美さんがどう感じているのかではなく、法的にはどうかということを考えましょうね。お金が戻ってくるのかどうかは別として、あなたが、どうしても裁判にしたいと思うのなら、橋本順子を被告とする裁判と株式会社アトラスを被告とする裁判を提起する必要があるでしょうね。ところで、裁判には費用がかかりますが、利美さんは約七、〇〇〇万円の現金を持っていて、そのうち六、二五〇万円を橋本順子およびその関係者に渡してしまったということですね。そうだとすると、まだ、七五〇万円程度は手元にあると考えて良いのですね。」

加地弁護士がここまで言うと、利美は、オドオドした様子で話し始めた。

「すみません。先日、先生のところに相談に伺った直後、遠山さんから電話があって、私が弁護士の先生に相談したということを話したら、親身になって相談にのってくれ、『弁護士なんかに相談しても、お金は戻ってきませんよ。私が最初に橋本順子を通して借りた三五〇万円（貸付③）と次に借りた七〇〇万円（貸付⑨）は、もうすでに橋本順子に返済してあるのに、彼女がそれを流用しているだけですよ。私に二〇〇万円払ってくれたら、順子からすぐに全部取り返してあげますよ』と言われたので、つい信用して五日ほど前に、遠山さんに二〇〇万円を渡してしまったんです。それなのに、それ以降は、私がいくら電話しても電話に出ないんです……。それに、貸したお金以外にも順子さんたちとおつき合いするのに、服やバックを買ったり外食をしたりしたので、一〇〇万円以上使いました。今、私の手元にあるのは、五〇〇万円にも満たないお金です。」

利美が話しているのを聞いていた加地弁護士の顔色は、見る見るうちに変わっていった。井上は、加地弁護士の怒りがすぐにでも爆発するのではないかと感じ、気が気ではなかったが、加地弁護士は、大きく息を吸い込みため息をついた。

「柳沼さん、私がこの間何と言ったか覚えていなかったの？　もう、だれにもお金を渡しちゃ駄目だって言ったでしょ。よりにもよって、橋本順子の関係者に渡すなんて、あなた何考えているの。そんなことするんだったら、私は、あなたの仕事は引き受けません。この書類全部持って帰ってください。」

利美は、

「ごめんなさい……仕事を引き受けてください。」

と言い、ハンカチで顔を覆い黙ってしまった。加地弁護士は憮然とした表情をしており、利美の子供は利美を気遣うように、背中に手を回していた。気まずい沈黙が流れていった。井上は、何かを言わねばと焦りながら、何を言えば良いのか分からず思案していたが、ゆっくりとした口調で利美に話しかけた。

「利美さん……、利美さんは加地弁護士に言われた注意を忘れたわけではなかったんですよね。とても困って、頭の中が混乱して……別に加地弁護士を信用していないわけではなくって……。また、騙されちゃったんですよね。そうそう、今、五〇〇万円程度のお金は手元にあるんだったら、そして取り敢えず日々の生活は年金で暮らしていけるのだったら、その五〇〇万円をうちの事務所に預けるっていうのはどうですか。」

利美は、少し驚いたような顔をした。井上は、弁護士にむかって
「先生、柳沼さんから五〇〇万円を預かれば、これ以上事件が拡大したり複雑になるということはないので、そのようにしてはどうでしょう。」

無表情で井上の話しを聞いていた加地弁護士だったが、しばらくして、

「まあ……じゃあ、そうしましょうかねえ。そのうち七〇万円は、調査費用・訴訟実費・着手金とし

てこちらに支払っていただいていいですか。本当は、もっとずっと高くいただくのですが、事情を考慮して七〇万円で引き受けましょう。私は、柳沼さんの希望や意見は聞くし、分からない部分の説明はするから、私の言うことはちゃんと守るんですよ。お金が必要な場合は連絡してください。こちらから振込みます。そして最後に清算書をお渡ししますので、お金の管理については安心してください。」

加地弁護士は、柳沼利美から委任状を三通受け取った。橋本順子に対する提訴用、株式会社アトラスに対する提訴用として訴訟委任状を各一通、訴訟前の交渉用として普通委任状一通を預かり、利美に委任状の意味を説明し、何か他に質問等があったら、井上に尋ねるように言い置いて席を立った。

井上は、

「もう余計な心配はしないようにして、健康を取り戻してくださいね。加地弁護士に依頼すると決めたのなら、これからは加地弁護士の言うことを信じて、どんな僅かなことでも不明なことは聞いてくださいね。また、不満なことも貯めないでその都度おっしゃってください。いいですね。では、今後の予定を簡単に説明します。まず、相手のこと、例えばどこに住んでいるか、どのような財産を持っているかなどをできる限り調査します。相手のことが解っていないと戦えませんからね。相手のことがある程度分かったら、次に、利美さんがそれらの相手からどのような被害を蒙ったのか、それに対して相手にどのような償いをして欲しいと望んでいるのかを書いた書面を作成して……これを

「訴状」と呼ぶんですけれどね、その訴状を裁判所に提出して訴えを起こします。その後、裁判所が相手を呼びだして、裁判官の前で、互いの言い分を主張しあうことになります。それ以降は、証拠を提出したり証人尋問をしたり、以前調停をなさった時とは少し違いますけれど……テレビドラマで見たことありますよね。裁判所での手続の進行状況については逐次報告しますし、利美さんの意見や希望を聞きながら進めたいと思います。本人尋問の時にはどうしても裁判所にいらしていただき、細かい点を話していただかないとなりませんけれど、それ以外の裁判期日に出席なさるかどうかは基本的に利美さんの意思で決めてくださって結構です。疑問点や不安な点があったら何でも聞いてくださいね。」

利美の目を見ながらゆっくりと話した。利美は、

「そうですか。さっき、五〇〇万円振り込んでくださいと言われましたけど……。あれは私の全財産なんです……。」

と言いにくそうにつぶやいた。井上は、加地弁護士が利美に話しをしていた内容を思い出しながら、着手金や報酬についての話しをした。

「あのね、弁護士の手数料というのはどのくらいの金額の訴えを起こすのかということによって決まるんですけどね、もし利美さんの場合のように、橋本順子に対して二、三五〇〇万円の訴えを起こし、アトラスに対し三、九〇〇〇万円の訴えを起こしたとしたら、着手金といって事件を受任した時に支

払っていただく金額が……ええと……橋本順子の方が一二九万円、アトラスの方が一八九万円、合計で三一八万円、それから事件に勝った場合、つまりこちらの言い分が裁判所に認められた場合には認められた金額によって報酬をいただくことになっているんですよ。でも、今回の場合には、弁護士が利美さんの色々な事情を考慮して、そんなにたくさん払うのは大変だろうから取り敢えず調査費や裁判所に支払う実費を含め、両方の事件を合わせた着手金として七〇万円で結構ですと言っていたんです。さっき聞いていましたよね。ですから、それ以外のお金は振り込んでいただいても、こちらでお預かりしておくだけですよ。さっきも話したように、利美さんが持っていて、また、誰かにだまし取られると困るでしょう。こちらで、ちゃんと預り証をお渡しして預かっておきますから、何の心配もないですよ。どうしても必要になったらいつでもおっしゃってください。利美さんの口座に送金しますから。」

「分かりました。それからね、さきほど先生が『裁判に勝ったからといって必ずお金を取れるわけではない』というようなことを仰っていたようなのですが、私の聞き違いでしょうか。」

「いいえ、聞き違いではありませんよ。その通りです。」

「そんな馬鹿な……。だって、裁判で勝てば本当の勝ちでしょう……。判決でしょう……。それが守られないなら裁判なんて意味ないじゃないですか。一体、どういうことですか。」

利美の口調はきつくなった。井上は、その質問に答え、

「ええ、例えば、利美さんが、株式会社アトラスに対して『お金を返せ』という裁判をしたとしますよね。それで、裁判官が、裁判の過程における両者の主張や証拠などを検討して、利美さんが仰っていることが正しいと判断すれば、利美さんが勝ち、つまり株式会社アトラスに対して、『利美さんに三、九〇〇万円を返しなさい』という判決が出ます。でも、いくら裁判官がそのように命令したとしても、株式会社アトラスがお金を払わなかったら、それを取り立てる裁判、差押というのですが、その裁判を別に起こす必要があります。さらに、差押をしたとしても、アトラスがお金を持っていなかったとしたら、実際には、取れないんですよ。」

利美は、小さくうなずきながら聞いていたが、顔を上げて涙を流しながら語り始めた、

「ああ、そうなんですねえ。本当に何と馬鹿なことをしてしまったのでしょう。実はね、井上さん。私は、加地先生のことを忘れてなんかいなかったんですよ。離婚調停がうまくいかなかった時以来、一日として加地先生の顔を忘れたことはありませんでした。加地先生のせいで離婚できなかったと思うと悔しくて、先生のことを恨んでも恨みきれないと感じていました。それなのに、そんな加地先生に依頼しなくてはならない状況になってしまった自分自身が情けなくて……。」

井上は背筋が凍り付くような感覚を覚え、とっさに何と答えて良いのかわからなかった。

「えっ、恨んでいた？　加地弁護士を恨んでいたんですか。どうしても離婚をしたくないと主張したのはご主人でしょう、加地弁護士がいてもいなくても、ご主人は離婚には応じなかったと思います

よ。」

「主人は、たとえ私がどんな手段をとっても離婚してくれなかったと思います。だから、理屈では、加地先生が悪いわけではないということを充分解っているんです。でも、感情的に許せない……。あの時私は若かったから、調停委員の前で、男である弁護士先生から夫婦間の問題まで聴かれてどんなに恥ずかしかったか……でも、それも、加地先生が悪いのではない、離婚となればそういうことも聞かれるのを覚悟で調停を申し立てたはずだった……自分にそう言い聞かせるのですが……でも、私の頭の中にはいつも憎しみ・恨みの対象として加地先生がいたんです。」

利美は、一気にそれだけ語ると、再び涙を流した。

「うーん、そうですかあ……何と申し上げて良いのか……。加地弁護士は、常識的に考えて、女性が二人の幼い子供を抱えて生きていくのは大変だろうと思ったのだと思いますよ。それに、ご主人は、とにかく利美さんを大切に思い、ご自身の行動を悔い改めると約束なさっていたでしょう。利美さんが離婚調停を申し立てた原因が、ご主人のアルコール依存症にあるという主張だったので、加地弁護士は、ご主人が悔い改めると約束なさるのであれば、利美さんが離婚したい原因が取り除かれるのだから、お子さんのためにも離婚せずに一緒にいた方が良いと考えたのでしょうね。それで、利美さんを説得したのでしょう。加地弁護士は、決して意地悪なことなんか言わなかったでしょう。たぶん、力づけてくれたのではないですか。そして、ご主人も一時はお酒を飲まなくなったんでしょう。」

「……ほんの一時だけ……。一年も経つとまた元の通りでした。私は、本当に辛くて離婚したいと思ったけれど、また、知らない人の前で恥ずかしいことまで聴かれたり、法律の専門家に難しい言葉で話されたりすることを考えると、そんなことに耐えるエネルギーがどこにも残っていなかったんです。それからの私は、何も考えないようにしようと努力しながら、抜け殻の様になって今日まで生きてきました。」

井上は、何年間も加地弁護士の秘書として働き、たくさんの依頼者に会ってきたが、このような依頼者は初めてだった。いつも、事務所には、加地弁護士のことを慕い、尊敬し、会うだけで気持ちが安らぐというような人々が集まってきていたし、初めて事務所を訪れる依頼者も加地弁護士の明るい人柄に触れ、気持ちが楽になったと述べて帰っていくのが常であった。井上は狼狽しており、利美に向かってどのような言葉を発して良いのか困惑していた。

「きっと、今回のことの糸がほぐれていけば、少しずつ加地弁護士への感情も変わると思いますし、加地弁護士を恨むという感情が薄らいだときに、利美さんの気持ちの中に何かが充満してきて、抜け殻状態から脱出することができると思いますよ。こちらで、少しずつ調査をして報告しますから、それからまた考えましょうね。」

井上は、その場でそれ以上話す事を避けた。

四　株式会社アトラスとの訴訟の経緯

(1)　訴訟の準備

利美が帰った後、加地弁護士は、井上を呼んだ。利美は、松井に言われるまま、一度に三、九〇〇万円を株式会社アトラスに貸している。加地弁護士の予想によれば、順子からは勿論、株式会社アトラスから貸金を取り戻すことはかなり難しいだろうとのことであった。加地弁護士は井上に問うた。

「井上さんだったら、この事件は何から手を着けるべきだと考える？」

「うーん、そうですねえ。私にできることと言えば、まず、執行の可能性[55]を探るため、株式会社アトラスの資産を調べます。取りあえず、松井が現在居住している住居が自己所有か否か。それから、裁判を提起するにあたって、売買契約をした土地の時価・その他を調べ……あっ、この不動産屋に私が行ってみてくるっていうのはどうでしょうねえ。地図で見る限り駅前でしょう、だから、どの程度の店なのか、繁盛していそうかどうか等を普通のお客さんのふりをして自分自身の目で見てきたいですね。もし、結構大きな店舗なら、一日見張っていれば取引銀行なんかも分かるかもしれないし……。」

加地弁護士は、笑った。

「井上さんらしい発想だねえ。大丈夫かなあ。僕はいつも言っているように、女性が一人で現地調査をするのはあまり賛成じゃあないんだけどな。危ないことがあったら困るし。」

「大丈夫ですよ。だって、駅前ですよ。不動産屋に入っていって、アパートを探している人になりすまして、チラシを見せてもらいながら、色々質問したりしていれば時間もかかるし、その間に様子は分かりますよ。」

「そう……じゃあ、今、井上さんが言ったこと全部やってみて。」

井上は、早速調査に取りかかった。井上は、株式会社アトラスの商業登記簿謄本の取得、社屋不動産の登記簿謄本の取得、社長である松井の住民票の取得、同松井が居住している不動産の不動産登記簿謄本の取得、利美に売買されたとされる土地の固定資産税評価証明書の取得等を叶に依頼した。そして、株式会社アトラスの場所が分かる地図をコピーし、インターネットで事務所から現地までの交通手段を調べ、加地弁護士と井上自身の予定を確認した後、早速次の日に調査に出かけることに決め、加地弁護士に報告し、許可を得た。

(2)　株式会社アトラスの調査

次の日、井上はいつもより、ゆっくりと家を出た。株式会社アトラスは、井上の自宅からそれほど遠くなく、不動産業者というのはおそらく一〇時頃にならないと開店しないであろうことを考えて、時間を調整したのである。井上は、それなりに緊張し、株式会社アトラスでどのように振る舞おうかということを考えながら電車に乗っていた。目的地の駅に着き、地図を頼りに探し始めたが、なかなか見つからない。不動産屋なので当然一階に位置し分かり易いだろうと考えていたが、目的の住所には、不動産屋の店舗らしきものは見あたらず、一棟の古いビルが建っていた。一階は、花屋である。井上は、その花屋に入り地図と住所を示し、株式会社アトラスを知らないかと問うてみた。花屋によれば、住所は花屋があるビルに間違いないとのことであり、職種は定かでないが、同ビルの郵便受けでそのような名前を見たことがあるような気がするとのことであった。井上は、花屋に礼を言い、ビルの中に入り郵便受けを確認してみた。たしかに、二階の一室に、他の二つの名前と共にアトラスの名があった。井上は、どうするべきか迷ったが、二階への階段を上がって行き、部屋のドアをノックした。

「こんにちは、こちらはアトラスっていう不動産屋さんですよね。たしか、私の友人が、こちらでお世話になって部屋を借りたと聞いたように記憶していたので、おたずねしたんですが、私、この近くにアパートを探しているんです。」

井上は、そこまで一気に喋ってから室内を見渡した。三つの会社の名前が出ているにしては、室内は狭く活気がなく雑然としており、二人の男性が古びたソファーに向かい合って座り何か話していた。室内に物件を表示するチラシの様なものは見あたらず、何の職業なのか想像できない雰囲気であった。五〇歳近くと思われる一人の男性が、足を投げ出して座ったまま口を開き、面倒くさそうに、

「うちは、たしかに、アトラスだよ。でも、アパートの紹介はやってないよ。」

と言うと、また、元のように二人で話しを始めた。井上はそのまま帰ろうかと思ったが、

「えー、おかしいなあ、たしか友だちが松井さんとかいぅ方に世話になったとか言ったたんですけどねえ……松井さんっていらっしゃいませんか。」

「松井は今いないよ。早く帰ってよ。不動産屋ならさあ、何もこんな分りにくい場所に来なくたって、郵便局の隣りにあっただろう。変な女だなあ。」

井上は、これ以上とどまっても何も得られないと思ったし、危険な状況になる可能性があると考え、その場を立ち去った。

結局、株式会社アトラスの不動産業者としての実態は、少なくとも商業登記簿謄本上の住所にはなく、もちろん、商業登記簿謄本上の住所社屋は他人の所有であった。また、松井は宅地建物取扱主任者の資格を持つ妻と二人で居住しているが、居住しているマンションは賃貸であり、差押できるような資産を見つけだすことはできないことが判明した。更に、利美が株式会社アトラスの松井に三、九〇〇万円を貸し付け松井が購入したとされていた土地の時価はせいぜい六〇〇万円程度であることがわかった。井上が、そこまでの結果を加地弁護士に伝えると、加地弁護士は、予想通りだったと述べ、利美に電話を架けて報告した。

「ですからね、裁判をして勝ったとしても、お金は戻らない可能性が強いと思いますよ。売買契約

を締結したとされる土地は株式会社アトラスの名義になっていないので、柳沼さんの名義に変更することはできませんし、しかも、この土地はせいぜい六〇〇万円程度の時価にしかならないようです。柳沼さんは、ご自身で、紹介された土地がどの辺りにあってどんな土地なのかも見ていないんでしたよね。」

加地弁護士は、現状をできる限り細かく説明していたが、柳沼利美は、何が何でも松井敏夫と橋本順子を法廷に引っぱり出して懲らしめたいという思いが強いようであり、裁判を提起して欲しいということであった。

(3) 訴訟の経緯

本件裁判は、東京地裁民事第三五部に係属したが、利美が三、九〇〇万円の貸金返還請求をしたのに対し、アトラスは本人訴訟(56)で応じ、四回の期日が開かれただけで利美とアトラスとの和解が成立した。アトラスは、思っていたより簡単に債務の存在を認めたが、手持ちの現金がないということで、三、九〇〇万円を利息なしで一ケ月三〇万円ずつ一三〇回(つまり一〇年以上)の分割弁済をしたいと申し出た。利美は全ての期日に出席していたが、長期の分割は納得できないと譲らなかった。

結局、「平成一五年一〇月末日限り一、〇〇〇万円、同年一二月末日限り一、〇〇〇万円、平成一六年二月末日限り一、〇〇〇万円、同年四月末日限り九〇〇万円を返済する。一回でも返済を怠ったときには期限の利益を喪失する」という内容で和解が成立した。和解が成立したとき、利美は大層喜んだが、加地弁護士は、浮かない顔をしていた。アトラスが本人訴訟だったこと、お金を持っていない様子なのにもかかわらずすんなりと和解条項が決まったことなどから、加地弁護士は、和解条項通り実行されないのではないかと懸念したのである。利美は、加地弁護士と井上に向かって、

「ああ、よかった。ありがとうございます。裁判で勝ったんだから、三、九〇〇万円は返ってくることが決まったわけでしょ。一安心ですよ。ありがとうございます。」

と、はしゃいでいた。加地弁護士は柔らかい口調で、

「返ってくると良いですね。」

と述べるにとどまった。利美は、大変喜んでいたので、加地弁護士の微妙な口調や言葉遣いに気づかないようだった。加地弁護士の予感はあたり、株式会社アトラスからの返済は、第一回目の期日から守られなかった。

第一回目の返済期日の翌朝、井上は利美からの電話を受けた。

「もしもし、柳沼です。アトラスからの一、〇〇〇万円の入金は昨日でしたよね。私ね、お礼がてら、そちらに伺ってお金を頂こうと思っているんですが……。」

「ええと、大変申し訳ありませんが、まだ銀行を確認しておりませんので、確認してこちらからお電話を差し上げます。」

利美は、明らかに不満そうな声を出し、

「ええ……？　どういうことですか……？　確認してないってどういうことなんですか。別に確認なんかしなくたって、裁判で決まったことなんだから払わなきゃいけないんじゃないんですか。払わなかったら罪になるんじゃあないですか。」

「ええ、払わなくてはいけないというのは事実です。でも、払わなくてはいけないというのと、必ず支払って貰えるかどうかということは別問題なんですよ。それは、最初にご説明申し上げましたよね。もちろん、相手は利美さんに支払う義務があるので、もし、相手が支払わなかったらそれなりの手段で対抗するわけですけどね。」

「対抗って、どうするんですか。もっとちゃんと説明してください。」

「少しお待ちいただけますか。銀行口座に入金されたかどうか、まだ確認ができていないと申し上げただけですので、これから銀行に電話をかけて入金の確認がとれればそれで問題はありませんし、もし、入金の確認がとれなかったら相手方に連絡を取ってみますので。」

加地弁護士がまだ事務所に出て来ていなかったので、井上は利美をなだめて一旦電話を切り、叶に対し、銀行の入金をチェックするよう依頼した。思った通り、株式会社アトラスからの入金はなかった。その後、加地弁護士が、株式会社アトラスに何度も連絡を試みたが連絡は取れなかった。加地弁護士は井上と打ち合わせをし、株式会社アトラスの商業登記簿謄本上の本店所在地と社長松井敏夫の自宅近くの銀行三行五支店の差押を行った。[57]五支店のうち二支店に該当口座があったが、預金残高は合計で二万九、〇〇〇円足らずが全てだった。訴訟前に調査をした通り、株式会社アトラスについて、それ以外の財産は見あたらなかった。

利美が株式会社アトラスに対して提起した裁判は裁判上の和解が成立し、裁判では利美が勝訴した形になったが、貸した金員は利美の手元に戻らなかった。

五　橋本順子に対する訴訟の経緯

(1)　本人および関係人の洗い出し

橋本順子は、住民票上は夫と同居していることになっており、港区内の二軒の家は、一方は夫と順子の共有名義、もう一方の住民票上の住居は順子の名義となっていた。加地弁護士は、まず、橋本順子宛に、貸金の返還を求める手紙を書いた。現在、柳沼利美が金を必要としているので、約定の利息については免除することも考えるので、元金だけでも至急返済して欲しいという内容のものである。その手紙に対して、順子から「利美との間の金銭消費貸借については、加地弁護士の方に誤解があるかもしれないので、一度話しをしたい。今後ともお世話になると思いますがよろしくお願いします。」という内容の返事が届いた。達筆で、形式の整った手紙だった。

加地弁護士は、井上を呼んで、その手紙を見せた。

「ねえ、この手紙、どう思う？」

「ふふ……なんだか手強そうな相手ですねえ。度胸が良いのでしょうか。普通、弁護士の名前で貸金返還請求の手紙が来たら慌てますよね。『今後ともよろしく』なんて返事を貰ったのは初めてじゃないでしょうか。」

「そうだよねえ。凄いよねえ。この、順子を通してお金が流れている遠山武光と吉永浩について、できる範囲で調べてみてくれないかなあ。」

井上は、二人について調べ始めた。

遠山武光については利美から住所を聞いていたので、住民票を取得し、住民票を手がかりに調べ始めた。四二歳の遠山は、東京の六本木に、遠山が社長をしている自社名義の古く小さなビルを所有しており、不動産業を営んでいることが分かった。そして、自社ビルの最上階を住居としており、妻と二人の子供がいた。自社ビルには、第六順位まで、時価を上回ると思われる担保設定がなされていた。

吉永浩については、株式会社イマイ（一部上場企業）の営業部長の名刺が存在しており、借用書には自宅のものと思われる住所が記載してあった。吉永は、東京の郊外の新築住宅に住んでいたが、その住宅の保存登記がなされ住民票が移動されたのは平成一四年七月下旬であり、利美が順子を通してお金を貸したのと時を同じくしていた。この住宅は、妻と吉永との共有名義となっており、銀行が担保設定をしていた。吉永が株式会社イマイ東京本社の営業部長をしていることは、電話で確認する限り間違いがないようであった。

(2) 訴訟の提起と動向

加地弁護士は、橋本順子から手紙を受け取った後、すぐに二、三五〇万円の貸金返還請求訴訟を提起した。順子は、訴訟にしない限り貸金の返還に応じないだろうと考えたためである。

順子は、代理人をつけて、訴訟に応じてきた。本件訴訟は、本人尋問・証人尋問（遠山武光・吉永浩）などを入れて終結までに一三回の期日が開かれた。順子は貸金②③④⑤については借りたことは認めたが既に返還したと抗弁し、貸金⑨については順子が遠山武光に貸したもの、⑩は順子が吉永浩に貸したものなので、利美には無関係である、つまり返還の義務はないと主張した。

(3) 証拠調べ

期日を繰り返し互いの主張が整理され、本人・証人の尋問がなされることになった。

本人尋問を行う場合には、裁判所での手続をスムーズに進行させるため、本人尋問に先駆けて、本人と弁護士との間で尋問の準備をするのが常である。利美の場合も、加地法律事務所において打ち合わせを行ったが、その際、利美は興奮しており、加地弁護士が聞くことになかなかスムーズに答えられなかった。加地弁護士は、利美に向かって述べた。

「いいですか。本人尋問や証人尋問というのは、事実はどうであるのかということを裁判官に解ってもらうために行うものなんですよ。嘘を言うと必ず辻褄が合わなくなります。柳沼さんは、本当のことを、私に聞かれた範囲で答えてください。順番に聞いていきますから、何か他に言いたいことがあったとしても、私が聞いたことにだけ、簡潔に答えてくださいね。では、少し練習してみましょうね。(加地弁護士は貸付金②③④⑤⑧⑨の借用書や名刺を示して)ここにある六枚の借用書類はすべて被告、裁判では橋本順子のことを被告と呼びますからね……被告が原告つまり柳沼さんに渡したものですか。」

「ええ、先生はここに宛名がないとか、借り主の名前が順子さんじゃないとか言うけど、これは全部順子さんが……」

「ちょっと待ってください。さっき言ったでしょう。私が聞いたことに簡潔に答えてくださいって。もう一度聞きます。ここにある六枚の借用書類は被告が原告に渡したものですか。」

「ええ。あのね、そりゃ、遠山さんのとか吉永さんのは、四人みんなで一緒にいたわけだから、ねえ先生。渡すったって、私が現金をテーブルに置いて……」

「ちょっと、待ってください、柳沼さん。あのね、『はい』か『いいえ』で答えてみてください。私が聞いたことだけにね。この六枚の借用書類はすべて原告が被告から受け取ったものですか。」

「だからね……はい、そうだって申し上げてるじゃあないですか。」

「(加地弁護士は、③の名刺を示し)これは被告の名刺の裏に『三五〇万円借用、平成一四年三月四日』と書いてありますが、これは被告が借用書代わりと言って原告に渡した物ですか。」

「前にも先生に話しましたでしょ。ひどいもんですよ。順子さんったら……」

「あのね、柳沼さん、さっきから言ってるでしょう。そうやって、私が聞かないことまでダラダラと話しをしていたら混乱してしまうし、裁判官に事実が伝わらないでしょう。私の聞いたことに答えて……。」

利美は言いたいことが口から溢れだしたように興奮していたが、加地弁護士も少しいらついていた。井上が口を挟んだ。

「利美さん。加地弁護士も私も長い時間をかけて利美さんの話しを聞きましたよね。だから、利美さんがおっしゃりたいことはよく解っていますよ。順子さんがどうやって利美さんを騙そうとしたか。何と言って借用書代わりに名刺を渡したのか。遠山さんや吉永さんにお金を貸すときに、順子さんが利美さんに向かって、『これは私が利美さんから借りたお金よ。私が責任を持って利美さんに返すから大丈夫よ』と言い、今度は遠山さんと吉永さんに向かって『いい？　このお金は順子さんがあなたたちに貸すんだからね、私の自己資金じゃあないんだから、ちゃんと期限を守って返してくださいね』と、言ったんでしたよね。それもこれも加地弁護士は全部解ってますよ。解っているけど、どうやって聞けば裁判官に解りやすいかということを考えながら、質問を工夫しているんですよ。裁判官には決められた時間内に事実を伝える必要があるでしょ。だから、加地弁護士の聞いたことにだけ簡単に答えてくださいね。」

このような調子で、約三時間にわたって本人尋問の打ち合わせがなされた。

本人・証人尋問は、集中証拠調べの方法で行われたが、利美は、何度もたしなめておいたにもかかわらず、答え方が先走り気味であった。順子は、予想どおり、落ち着いてそれまでの主張と同様の供述をした。証人として申請しておいた遠山武光と吉永浩は、そろって「お金は柳沼利美からではなく順子から借りたものであるが、既に返済した。その証拠に借用書を返還してもらっている」と供述した。順子は、二人の証言を聴きながら、勝ち誇ったように加地弁護士をにらみつけていた。

(4)　判決と執行

弁論は終結し判決が言い渡された。内容は、貸金②については利美の請求が認容され、その余の請求は棄却された。つまり、裁判所は、貸金②については確かに利美が順子に貸し付けを行っておりまだ返還がなされていない、貸金③④⑤⑧⑨については利美が順子に貸付を行った事実はない、との判断をしたのものである。理由について本書では省略するが、利美は控訴をしなかった。

判決が確定してまもなく、裁判で認容された貸金②、つまり二〇〇万円が順子から利美宛に返還された。

六　紛争処理・自立支援はできたのか

順子から利美宛に二〇〇万円が振り込まれたとの連絡があった後、井上は、利美から預かった書類の整理をしていた。訴訟終了後、ファイルされた訴訟記録一式は、事務所に保管するが、その他の書類等は当事者に返還する。通常、書類等を当事者に返還する際に判決正本なども一緒に渡し、今後のことについて話し合いをしたり、報酬の請求をしたりする。加地弁護士は、柳沼利美に対して報酬を請求する気はないと井上に話していたので、井上は、返還する書類と清算書の手筈を整えていたのである。そんな矢先、利美から電話がかかってきた。初めて、利美が加地法律事務所を訪れてから約一年三ケ月が経ち、桜の花が満開の時期であった。

「ああ、井上さんですか。このたびはお世話になりました。これで終わったと思ったら何だか気が抜けてしまって……ガックリくたびれて寝込んでました……。これで裁判は全部終わったんですよね。」

「ええ、全部終わりました。あとは、先日もちょっとお話ししましたが、遠山さんと吉永さんを訴えるかどうかですけれど、弁護士も申しておりましたとおり、初めからあの二人と順子さんは利美さんを騙そうと仕組んだのでしょうね。ですから、もし訴えたとしても色々な意味で簡単なことではないと思います。どちらにしましても、一度こちらの事務所においでいただいて、お話しをさせていただきたいとは思っているのですが。お返ししたい書類もございますので……。」

「疲れちゃって、事務所には行きたくありません。そうそう、あなたが松井の口座をいくつも差押しようとしたけど、三つの差押はできなくて、差押できたうちの二つの口座には三万円足らずしかお金がなかったでしょう。なんであんな口座押さえたの？　手数料ばかりかかって。よく考えてからやって欲しかったわねえ。」

「申し訳ありません。でも、差押手続というのは、してみないと、いくらのお金があるか分からないんですよ。もっともっと何カ所も差押しても、全部ゼロのことだってあるんです。」

「へえ……本当？　言い訳しているんじゃあないんですか？　とにかく、もう、裁判はこりごりです。あんな尋問なんて……みんなの前でまるで私が嘘つきみたいに……惨めな思いをしました。アトラスの方は、判決で三、九〇〇万円全額認められたのに一銭も返ってこない……順子さんの方は裏切られたという不信感が強く残りとても疲れました。裁判って何なのかしら。」

「本当に、何と申し上げてよいのかわかりませんが……今回の件は、本当にお気の毒ですが、順子さんは初めから利美さんを騙そうと思っていたんでしょうね。」

「刑事事件として訴えることはできないんでしょうか。」

「それは、できますよ。ただし、民事と刑事とは全く別なので、刑事事件として訴えたいのなら、告訴状を書いて警察に告訴することになるんですけれど。」

「それって、加地先生が代理に、その告訴って言うんですか、やっていただけるんですよね。当然、悪いことしてるんだから、刑務所に入るわけでしょ。アトラスの松井は判決に従わずにお金も払わないんだから、それだって、悪いことしてることになるわけですよねえ。」

「順子さんや松井さんが、利美さんを騙したことについては告訴できるかもしれません。でも、松井さんが判決に従わずお金を払わなかったことについては告訴はできないんですよ。お金が無い人に『お金を払え』と命じて、お金を持っていないことを理由として払わないからといって刑務所に入れることはできないんですよ。」

「へえ、そうなんですか。本当に裁判って何なんでしょう。何の役にも立たない。必ずしも、判決どおりになるってわけじゃあないし、正義が勝つってわけでもないんですね。やったってやらなくたって、勝ったって負けたって同じなら、裁判なんかやらなければよかった。最初からヤクザにでも頼んでとってやればよかったんだわ。」

「そんなことおっしゃらないでください、利美さん。利美さんが初めて事務所にいらした時、裁判をするかどうかよく話し合いをしましたよね。裁判をして、勝っても、お金は戻らない可能性があるということもお話ししましたよね。あのとき、利美さんが、何もしないでだまって我慢するということはできない、どうしても法廷に引きずり出したいっておっしゃいましたよね。取り敢えず裁判を起こして、裁判の進行と共に、少しずつ状況や結末がわかってきて、気持ちの整理ができてきたんじゃあないんですか。これからは、何か仕事でも探して、後ろを振り返らずに生きてみませんか。」

その後、利美と井上は、何度も電話で話しをした。利美は、加地弁護士が報酬は不要だと伝えたときだけ、少し気分が良さそうだった。しかし、何度も考えが空回りして、悔しさが脳裏をよぎるようであり、不平が続いた。

蝉の鳴き声がうるさくなったころに利美が事務所を訪れた時には、利美はやや落ち着きを取り戻し、髪を美しく染め、顔もいくぶんふっくらとしていた。利美は、

「色々考えてみたんですけどねえ、常識では考えられないような儲け話を信じた自分が悪かったと思うことにしたんですよ。」

と、加地弁護士と井上に語り、加地弁護士や井上を責めたことを詫びた。そして、これから、新しい仕事をしていくつもりだと述べ、加地弁護士の厚意に甘えることなく、報酬は分割で払いたいと申し出た。そんな利美に対し、加地弁護士は、新しい仕事に就いてそれが成功したら、是非その時に笑顔を見せて欲しい、それが自分への報酬だと考えることにしましょうと答えた。

(54)　利美が初めて事務所を来訪した際、売買契約を締結したとされる土地についての情報を得ていたので、井上から叶に指示をし、予め、登記簿謄本を取得しておき、現時点での所有者を確認しておいたのである。土地の名義は株式会社アトラスのものとはなっていなかったし、一時的にも株式会社アトラスが所有していたということはなかった。

(55)　勝訴判決を得たとしても、被告に財産がなければ執行することができない。多額な裁判を提起するには、裁判所に支払う印紙代等も多額になるので、被告に充分な財産がないと分かっていれば、多額の裁判を提起しないで、執行可能な範囲で提訴することも考えられる。

(56)　我が国の民事訴訟法は、弁護士強制の方法をとらず本人訴訟を許している。したがって、上訴審であっても当事者自ら訴訟行為をする可能性もある。

(57)　多くの会社や個人は地理的に便利な銀行の支店に口座をつくる。勿論、どこの銀行のどこの支店に口座があるかは不明だが、銀行の口座を差押する場合には、通常、地理的に便利な銀行の全ての口座（普通預金・定期預金・当座預金・貯蓄預金・その他）を差押する。

この事件には、再びどんでん返しがある。井上が、事件のことを忘れかけていたある日、利美からの連絡で、至急会いたいとの申し出があった。その日の午後、「協力者」なる人物を伴って事務所を訪れた利美は、

「長い間よく考えてみましたが、裁判なんかに頼った私が馬鹿でした。私は、素晴しい協力者を得ましたので、これから実力でお金を回収します。今日は、今後何があっても邪魔をしないよう、お願いにあがりました。」

と、言い放った。加地弁護士が何を言っても利美は耳を貸さず、黒のスーツに身を固め、太い金の指輪をした屈強な協力者と共に席を立った。

第6章　記事の真偽と現地調査──名誉毀損による謝罪広告等請求事件

一　「ウィークリージャパン」の掲載記事

ウィークリージャパンは、発行部数五五万部、日本を代表する週刊誌の一つであり、購読層は大学生から一般社会人まで、また、男女を問わず広い世代の人々に読み親しまれている。その内容は、政治や世相を批判し、社会を風刺し、また、グラビアや芸能界の記事にまで及んでおり、内容に対する一般人の信頼もそれなりに高いと思われる。

そのウィークリージャパンの平成一二年三月三〇日号（同年同月二三日発売）に、

「奥大輔・故郷に錦を飾った『二、〇〇〇万円ヴェルサーチの田舎芝居・成金趣味と傲慢態度』に市民の大罵声!!」

との大見出しの下に記事が掲載された。奥大輔は、北海道函館市出身で東大法学部在学中というエリートタレントであり、東大卒業後は官僚への道も考えているなどの発言をしている。また、ユーモアたっぷりな話術とファッションモデルのような容姿、それに、庶民的雰囲気をも併せ持っており、その顔をテレビで見ない日はないくらいの売れっ子タレントである。ウィークリージャパンのどぎついタイトルは、新聞各紙朝刊のウィークリージャパン広告欄に大きく掲載されると共に、電車の中刷り広告でも大々的に報じられていた。そのタイトルだけ見れば、ウィークリージャパンを読まない人でも、

「ああ、あの故郷北海道での初舞台を踏んだ現役東大生の奥大輔は、非常に高価なヴェルサーチの衣装を身につけていたが、その衣装や舞台は単なる成金趣味で、演技が下手な上、傲慢な態度だったので、故郷の市民から大罵声をあびているんだな。」

と理解できるようなタイトルであった。実際、記事の中味も、ほぼそのような内容であり、

「東大法学部生のエリートだとされているタレント奥大輔は、たしかに成績は優秀であり、その頭脳は東大教授陣の中でも、逸材だと高く評価されている」と持ち上げた後、

「しかし、貧しい環境に育ったにもかかわらず急に世間から脚光を浴び、自由になるお金を手にしたため、お金の遣い方が分からず、成金趣味である。函館の舞台では、総額二、〇〇〇万円とも言われる似合いもしないヴェルサーチの衣装を身にまとい、ヴェルサーチのプレスは、ブランドイメージを損ねるので迷惑だと語っている。また、その態度は非常に傲慢であり、せっかくの故郷での初舞台だというのにファンクラブや函館市民へのサービスもせず、市民は奥大輔に対する評価を著しく低く

した」という内容のものだった。そして、最後は、

「奥大輔は、ファンの不満にどう答えるのか」という文章で結んであった。

ウィークリージャパンが発売になったその日の午後、井上は、加地弁護士と親しい杉山弁護士からの電話を受けた。加地弁護士は外出中であったため、井上が内容を聞いたものだが、ウィークリージャパンの記事を読んだ本人もしくはプロダクションが、ウィークリージャパンを名誉毀損で訴えたいと言っている。杉山弁護士がその仕事を依頼されたが、諸々の事情から、杉山弁護士は一人では引き受けられないので、加地弁護士が引き受けてくれないか、もし引き受けてもらえるのなら、その打ち合わせを至急行いたい、本日の加地弁護士の予定を知りたいというものであった。

井上は、杉山弁護士に対し、夕方五時以降なら加地弁護士の予定が空いていることを伝え、事件を引き受けられるか否かについては、加地弁護士が事務所に戻ってから、連絡する旨を伝えた。結局、加地弁護士が、取り敢えず当事者の意向を直接聞いてみることになり、その日の午後六時から、加地修法律事務所で、打ち合わせが行われた。打ち合わせには、奥大輔本人・プロダクション社長・杉山弁護士・加地弁護士・小野弁護士（加地修法律事務所の勤務弁護士）・川口弁護士（名誉毀損訴訟に関する論文を多数書いている大学教授）、それと井上が参加し、七人で行われた。

二　雑誌発売当日の打ち合わせ

初めに、弁護士たちは、本件記事の内容で事実と異なる点があるのか否かを奥大輔に訊き、「なぜ」「何を」名誉毀損と感じているのか、「名誉を回復する手段」としてウィークリージャパンに「何を」請求したいのかなどをプロダクション社長にも併せて尋ねた。井上は、奥大輔の表情を見ながら、本人の感情の動きを逃すまいと必死にメモを取っていた。奥大輔本人によれば、

「北海道の函館で開かれた初舞台は大好評であったし、ファンサービスも怠らなかったと自認している。決して大罵声を浴びるようなものではなかった。それに、ヴェルサーチの舞台衣装が二、〇〇〇万円もしているとは思えない。演出家やスタイリストの指示に従っているだけなので、衣装がいくらするかは不明であるが、私自身が成金趣味であると非難される筋合いはない。記事を読んだ人だけでなく、記事を読まず新聞広告や中吊り広告のみを見た人の、私に対するイメージが非常に貶められたと感じている。」

とのことであった。そして、名誉回復の手段として週刊誌上への謝罪広告掲載、ならびに、損害賠償を請求して欲しいとの希望を語った。結局、この日打ち合わせに参加した、加地弁護士を含む四人の弁護士が弁護団を組んで事件を引き受けることになり、奥大輔本人から訴訟委任状をもらって、本

人を交えた打ち合わせは約二時間で終了した。

その後、杉山弁護士と小野弁護士は、他の予定が入っているということで抜け、この事件の主任を務めることになった川口能克弁護士、加地修弁護士、井上の三人が残った。川口弁護士は、たばこに火をつけた後、やや疲れた表情で、関西訛りの言葉を発した。

「とにかく、至急、事実の調査をせなあかんな。衣装の総額はあとで調べるとして、今すぐ調査が必要なのは、奥大輔が、ファンや市民に対して傲慢な態度をとり、そのことを原因としてファンや函館市民から大罵声を浴びせられた事実があるかどうかだよ。まあ、井上さんが、北海道に行って調査をするんだな。」

「ええ……？　私が調査するんですか。名誉毀損の裁判で、調査に行ったりするんですか。」

「当たり前だよ。よお、考えてみぃ……何が問題になっているのか……。井上さんが、早急に、そう明日からでも函館に出かけていって、函館市民にアンケート調査をするんだよ。奥大輔が市民から大罵声を浴びているかどうか。成金趣味で傲慢だっていう評価を受けているのかどうか。それを調査するんだよ。今、その事実があるかないかが非常に大切なんだよ……。」

「先生、それは無理ですよ。私だって予定があるんです。明日は約束も入っているし……。ええと、明日は金曜日だから、仮に私が行かれたとしても、明日の夜、仕事が終わってから東京を出て函館に向かい、土曜日と日曜日に調査をするぐらいですね。」

「ああ、そうか。そんなら、私と加地さんは、これから訴訟の方針を立てるから、きみは、調査の内容を考えてみ。」

川口弁護士は、そこまで言うと、井上に背を向けて、加地弁護士と話しを始めた。井上は、一瞬途方に暮れたが、自分の机に戻り考え始めた。だれに、どのような方法で、何を聞けば良いのだろうかと考えたが、いくら有名なタレントとは言え、たった二日間の公演を観た人がどれほどいたのか分からないし、何よりも誰が公演に行ったのかが分からない。また、市民の間で大罵声が沸き上がっているといっても市民というのが誰のことを指すのかも分からない。取り敢えず、アンケート調査票を作成してみた。

アンケート用紙（一般市民用）

1　あなたは函館市民ですか。
「いいえ」と答えた人はここで終了。

2　あなたは、去る一月二日と三日に、函館キリンホールで、ある有名タレントのショーが開催されたのをご存知ですか。
「はい」と答えた人は3～4に回答。
「いいえ」と答えた人は11以降に回答。

3　そのタレントの名前は何という名前かご存知ですか。
「知らない」と答えた人、もしくは不正解の人は11以降に回答。

4　そのショーをあなた自身はごらんになりましたか。
はい　　　いいえ
「はい」と答えた人は五～七に回答。
「いいえ」と答えた人は八～一〇に回答。

5　そのショーにおける、そのタレントの印象はいかがでしたか。

6　あなたの知り合いなどから、そのタレントやショーの評判を聞いたことがありますか。
それはどんな評判でしたか。

7　一部のファンの間では、そのタレントの態度が傲慢であり非難を浴びていたということですが、あなたはそういう評判を聞いたことがありますか。

8　そのタレントについて、あなたはどういう印象を受けていますか。

9　そのタレントのショーについて何か評判を聞いたことがありますか。

10　一部のファンの間では、そのタレントの態度が傲慢であり避難を浴びていたということですが、あなたはそういう評判を聞いたことがありますか。

11　あなたは、奥大輔というタレントを知っていますか。

12　あなたは、奥大輔についてどういう印象を持っていますか。

13　あなたは、奥大輔について、何か噂や評判を聞いたことがありますか。

＊＊ 最後に、奥大輔を知っていると答えた回答者全員に、次の中から、奥大輔の印象に該当するものをすべて選んで貰う。

14 奥大輔に対するあなたの印象を下の中からいくつでも選んでください。

①格好いい　②頭が良い　③ユーモアがある
④おしゃれ　⑤感じ悪い・嫌い　⑥演技が下手
⑦高慢・傲慢　⑧成金趣味　⑨頭が悪い
⑩その他

調査日時　平成一三年　月　日午前・午後　時頃
あなたの年齢は？　一〇代・二〇代・三〇代・四〇代・五〇代・それ以上
性別　男・女

井上は、当初、奥大輔の公演を観た人から感想や印象を聴く必要があると考えていたが、「市民の大罵声」という事実の有無を調査するためには、公演を観た人にこだわる必要は無く函館市民を調査対象にすれば良い、と考えるようになっていた。ちょうど、以上のアンケート用紙の原案作成を終えた時、加地弁護士から声がかかった。

「井上さん、案はできた？　プリントして持ってきてみて。」

「はい。」

井上は、加地・川口両弁護士に見せるためアンケート用紙原案を二部用意した。

「あの……一応『一般市民用』のを作ってみました。公演を観た方用のアンケート用紙はもっと簡単な内容で良いと思うのですが。どなたが公演を観たのか、公演を観た方を探し出すのが大変だと思います。取り敢えず、一般市民に対するアンケートを取りに行ってみて、その時、函館キリンホールで何か情報を得られないかどうか尋ねてみます。」

川口弁護士はたばこを吸いながら、そのアンケート用紙をチラッと見て、たいして興味なさそうに机に置いたが、加地弁護士は詳細に見ていた。

「まあ、内容としてはこんなところで良いのかなあ。井上さん、これは聞き取り調査にするつもりか、回答者に書いて貰うのかによって少し内容を考える必要があるね。それにしても、川口先生。川口先生は、よその弁護士の秘書に向かって、北海道まで調査に行けって言うの？　こんな調査、自分の秘書には頼めないから、よその秘書に頼むんでしょう……。でも、こんなことまでする必要あるのかなあ。」

「そりゃ、あんた。こういうことこそ大切なんよ。『大罵声』っていうのはね、非難の声がゴーゴーと渦巻いているっていう感じやろ。二〇〇人も三〇〇人もの函館市民にアンケートとってみて、何人の人が奥大輔を成金趣味だとか傲慢だとか非難しているかだよ。だあれも、そんなこと言っていなかったら『市民の大罵声』なんて言えないやろ。」

結局、井上は翌日の夜から、一回目の現地調査に出かけることになった。

三　アンケート調査

井上は、第一回目のアンケート調査を、土曜日と日曜日の二日間にわたって、函館キリンホール前の大堀公園で行った。三月の終わりとは言え、函館は未だ寒く、ペンを握り続ける手が凍りつきそうだった。初めは、なかなかコツが掴めず、アンケートに答えてくれる人が少なかったが、

「このホールでのコンサートにつき、アンケートをとっているのですが……。」

と、はっきりした声で言いながら近づいて行くと協力してくれる人が多いことに気づいた。それ以降は、調子よくアンケート調査が進行したが、二日間の調査を終え帰京する飛行機の中で疲れが全身ににじみ出てきた。目をつぶっていると、足は公演に立ち続けているように痛かったし、ペンとアンケート用紙を持ち続けた腕は重くだるかった。二日間で、約四〇人のアンケートをとったが、その中で、奥大輔のことを悪いイメージで捉えている市民は皆無であった。「函館出身のタレントは少ない

から、故郷の名をあげてくれて良かった」「東大生でしかもあんな格好いいなんて最高」「ヴェルサーチの専属モデルにでもなれそうによく似合う」などの意見が多く、中には年輩の女性が「アタシはね、あの子のおばあさんをよーく知ってるよ。東京からワザワザ来たんなら、おばあさんに紹介してあげよかねえ。」という人まで現れた。勿論、名前を言っても「知らない」という人はいたが、傲慢だとか、成金趣味だとか言う人は一人もいなかった。

また、函館キリンホールで尋ねたところ、奥大輔の公演チケットは、勿論、一般にも販売されたが、約三分の一については、地元商店街やファンクラブなどが購入していることが分かった。

四　訴訟の始まり

井上らが調査に出かけている土曜・日曜に、弁護士たちは打ち合わせを重ね、訴状を書き進めており、翌月曜日には訴状がほとんどできあがっていた。弁護団では、訴状の段階では、法律構成を練り上げるより一刻も早く提訴し、名誉毀損の裁判を提起したことを新聞報道させることで、マスコミによって毀損された名誉をマスコミによってある程度回復させることが可能だと考えていた。井上は、早朝から訴状の形式を整え、奥大輔の所属するプロダクション担当者宛てに、メールに添付し送信した。

通常、当事者が訴状の内容を詳細にチェックすることは少ないが、奥大輔の場合には、非常に細かく何度にもわたりプロダクション担当者の手が入った。勿論、法律構成の部分に手直しはなかったが、「当事者」という、奥大輔の経歴等を書く欄について書き直しをするよう、プロダクション担当者から何度も連絡が入った。

「あのねえ、うちにとって、奥大輔は一番高価な商品なんですよ。もう少し表現に気をつけて書いてよ……。」

「さっきも言ったけどねえ、大切な商品だって……奥大輔が。だからね、いくら裁判所に出す書類でも、もう少し……東大の成績のこととか、宣伝になるようなこと書けないの？」

「本人に見せましたけどね、あれで良いと言っています。ただ、フォントがあまり気に入らないようで。」

月曜日の深夜までかかって訴状を完成させ、平成一二年三月二八日火曜日午前一一時、東京地裁に訴状を提出して、訴状の写しを司法記者クラブに投げ込んだ。その結果、当日の夕刊各紙に、「奥大輔・ウィークリージャパンを名誉毀損で提訴」などという見出しの記事が掲載された。

第一回弁論期日の後、ウィークリージャパンとの間で八回にわたって弁論準備手続が行われたが、井上は全ての期日に出席していた。奥大輔関係専用のA四版ノートを作成し、受任の時から、全ての打ち合わせや期日、奥大輔が語ったこと、電話の内容、調査に関することまで書き連ねてあったが、そのノートは、第一審手続が終了するまでに六冊にもなっていた。ノートは、悪く言えば雑多に、良く言えばエスノメソドロジー的手法[58]ですべてを記載してあり、打ち合わせや裁判所における手続の詳細が、克明に目に浮かぶようなものであった。

訴状で、記事の「どの言葉」もしくは「どの文章」が名誉毀損に該当するのか明確な特定がなされていないということで、弁論準備手続の中で、被告ウィークリージャパン側代理人から、奥大輔側代理人に対し、その点につき求釈明[59]がなされた。それまで、表面上は、主任である川口弁護士がイニシアティブをとり、ほとんど意見の対立が無く手続を進行させてきていた川口弁護士と加地弁護士であったが、名誉を毀損している文言の特定方法につき、二人は激しい意見の対立を見せた。成金趣味・罵声などという「文言の一つ一つ」が名誉を毀損すると主張する加地弁護士に対し、川口弁護士は「文脈全体が一体となって」名誉を毀損すると主張した。その対立は、徐々に激しくなった。

「先生ねえ、文脈論、文脈論って言うけど、そんなの駄目なんですよ。『どの言葉が』って特定しなきゃ……。判例だって見てごらんなさいよ。」

「あんたは、何を言うとるんや……一つの言葉が毀損する名誉なんて、僅かなものやろ……。一つの言葉では名誉を毀損しないようなもんでも、それが集まって文章になって、また、それらの文章が互いに作用し合って、今度のような記事になったんや。一つ一つの言葉だけじゃあなくて、それらが互いに作用し合って、より酷い表現になっとるということを主張せなあかんのや。」

「それは、分かりますよ。だけどね、記事全体が名誉毀損にあたるなんて言うんじゃあ、相手方は反論できないし、裁判所は判断できないでしょう。『成金趣味』だって『傲慢』だって『大罵声』だって……全部、名誉を毀損しているじゃあないですか。それを一つ一つ特定すれば良いんですよ！　全く、何言ってるんですか！」

「あーもー、そんなこと、わしだって分かっとる。だけど、それだけじゃあ弱いと言うとるんよ。あんた、そんなことも、よお分からんのか。」

井上は、どうして良いのか分からず、黙って話しを聴きメモを取っていた。その日は、それ以上、話しをしても仕方がないということで、打ち合わせは打ち切りとなった。打ち合わせ終了後は、共に食事をするが常であったが、その日、川口弁護士は用事があるということで、すぐに帰ってしまった。

夜一〇時過ぎの加地法律事務所に、加地弁護士と井上が残った。加地弁護士は、声を荒げ、

「まったく……川口先生は何言っているんだ……。あんなんじゃあ駄目に決まってるじゃないか。井上さん、さっき僕が言った内容を基本にして、準備書面の起案をしてみて……！　勿論、明日で良いけど。さあ、帰ろう。」

と吐き出すように言った。帰途、井上は、どうすれば両弁護士の主張を入れた書面を作ることができるのだろうかと、頭を悩ませていた。おそらく、両弁護士の主張に根本的な差異は無く表現方法が異なっているだけで、両方の主張を入れたとしても矛盾は起こらないだろう、ただ、両弁護士とも非

常に頑固で、言い出したら後に引かない性格なので、いかに両弁護士のメンツをつぶさないように準備書面の起案をするか考える必要があると思っていた。

翌朝、井上が八時少し過ぎに事務所に着いた途端、川口弁護士から電話が入り、井上が同弁護士の考えを正確に理解しているかどうかについて確認を受けた。次に、井上は、川口弁護士から同弁護士の主張を入れた準備書面を起案してみるよう指示を受けた。その後の数日間、二人の弁護士は互いに直接話し合うことをせず、井上を中にして、意見の対立が続いていた。

「あのさあ、これまでの判例見てごらんよ。語句を限定して、名誉毀損の有無を判断しているでしょ。それと同じにすれば良いんだよ。まったく、あんまり変なこと書くと恥ずかしいよ。」

「あんたなあ、この前から言っとるやろ。こんなふうに文言を特定しただけじゃ駄目なんよ。もっと文脈の流れを掴んで……例えばなぁ……」

「これじゃあ、駄目だよ。こんな漠然としてるんじゃあ。井上さんは、だれの事務所の人間なのか良く考えて仕事するんだよ。これじゃあ駄目だ。」

「こんなんじゃあ、あかんワ……。あんた、何度言ったらわかるんや。頼むから、こんなんじゃあアカンと、加地さんに言うてくれ。これじゃあ弱い。これだけじゃあ勝てんのや。」

井上は両弁護士から、代わる代わる違うことを言われ続けた。本件裁判の中で、調査のため外に立ち続けたことや、夜遅くまで打ち合わせをしたことより、この対立の中にいたことが、井上にとって何より辛いことだった。だが、しばらくして、対立は終局を迎えた。結局、両弁護士は、新聞各紙朝刊に掲載されたウィークリージャパンの広告・電車の中吊り広告・週刊誌表紙・週刊誌目次・週刊誌本文の各見出しが名誉を毀損していると主張すると共に、週刊誌本文については、全ての文言を細かく特定・分析し、個別の文言のみならず文言同士が互いに影響しあって名誉毀損が成立する旨の主張を重ねていった。また、川口弁護士は、法律論のみならず文脈論も展開しながら、記事の解釈について、大学教授らしい主張を繰り広げ、加地弁護士は、大罵声があったか否かの事実を細かく詰めていった。

加地弁護士は第四回目の弁論準備手続の場で、ウィークリージャパンの代理人にさりげなく聞いた。

「先生ねえ……。先生は、勿論、記事を書いた記者から詳しい説明を受けているんでしょうけど、さっき、記者は函館に一泊して取材したということだったでしょ、その間に、奥大輔の生家に行っておかあさんと会ったりしたんでしょ。あまり時間もなかったと思うけど、この記事に名前が出てる人以外、奥大輔に対する話しは何人ぐらいから聞いたんでしょうかねえ。」

「ええ……そうですねえ。たしか、誌面に名前が出ている人以外に二〜三人程度に聞いたと言ってましたねえ。」

「ああ、そうですか。ここに名前が出ているのが二人ですから、じゃあ、全部で四〜五人から話しを聞いたということですね。ところで、誌面に名前が出ている二人については、勿論、住所や連絡先が解っているんでしょうねえ。」

「それは……ちょっと聞いてないですねえ。」

「記者なんだから、取材ノートぐらいあるでしょう。それに……聞いたのがたった四〜五人なんだから、取材ノートを見れば、いい加減な話しじゃなくてきちんとしたことが分かるはずですよねえ。少なくとも、評判を聞いた人が、いくつぐらいの人なのか、性別はどっちなのか、そのくらい分かるでしょう。」

奥大輔の評判についてのアンケート調査は、井上や他の秘書なども交えて総勢四人でその後も続けられていた。大堀公園におけるアンケート調査以外にも、まとめて公演チケットを購入したという商店街も歩いて回った。商店街のうちの、どの商店のだれが公演に行ったのかは不明であったが、調査員二名ずつに分かれ、商店街の右側と左側の商店を一軒ずつ訪れ、意見を聞いて回った。

「こんにちはー。奥大輔の公演についてアンケートをとっているんですが、一月二日に、奥大輔、見に行きました……?」

「ああ、行ったよ。イヤー……良かったわぁー。東大法学部で、あんないい男で、歌もうまいし……。えっ……? 衣装……? 私ら、イナカモンだから、衣装のことなんかよく分かんないけど、とにかく似合ってたよ。イヤーホント、良い男だわ。」

「うん、あのときゃあ寒くてねえ。でも、行って良かったわぁ。嫁さんが切符買ってくれたんだけどさ、これで、冥途の土産ができたわ。」

「函館生まれで、こんな有名人なんて初めてかなぁ。天は二物を与えずっていうけどさぁ、大輔さんは二物も三物も与えられたって感じだねぇ。イヤ、凄いねぇ。」

井上らが、調査をすればするほど、奥大輔に関する良い評判ばかりが聞こえてきた。ウィークリージャパンの代理人には、奥大輔の代理人らが、函館で実態調査をしていることは伏せてあった。

五　アンケートの調査結果

弁論準備手続において、奥大輔とウィークリージャパンの主張の整理がつきつつあった頃、奥大輔に関するアンケート調査の結果がやっとまとまった。

無論、何人にアンケートをとれば完璧だという数字が決まっているわけではないが、井上は、マーケットリサーチの会社を経営する友人から知識を得て、最低でも二〇〇人の意見を聞きたいと考えていた。結局、奥大輔の公演を観賞した人三一人、観賞していない人一九一人、合計二二二人からアンケートをとることができた。それらのアンケート結果を井上と叶がまとめ、その後、アンケート結果に基づき、陳述書に代わるような報告書を井上が作成した。叶は、得意なパソコン技術を活かし、奥大輔の評判がいかに良いのかが一目で分かるような三頁にわたるグラフを、質問毎に作成した。

アンケート用紙二二二枚・調査結果（グラフを添付したもの）計五頁・報告書などをコピーして綴じ、裁判所や被告側に提出できるような形にするだけでも大変な作業であった。井上は、証拠と共に提出する証拠説明書も作成し、加地弁護士の確認を仰いだ。

六　法廷での証言——証拠調べ

結局、主な争点は、奥大輔の故郷函館における奥大輔に対する罵声の有無、そして、記事による名誉毀損の存否であった。奥大輔側は、本人と井上美里につき証拠の申出をした。奥大輔には、本件記事のどの部分により、どのような名誉感情が、どの程度毀損されたのかを尋ね、井上には奥大輔に対する罵声の有無を尋ねる意図であった。ウィークリージャパン側は記事を書いた記者の尋問を申請した。

加地弁護士は、井上に向かって語った。

「この裁判は、井上さんが、自分で調査したことを、正直に法廷で言うことができれば、それだけで勝つよ。井上さんの証言次第だね。でも、大丈夫でしょ。何も難しいことなんかない。経験したことを、函館で聞いたことを、ありのままに話せばいいだけだよ。僕が聞いた質問に、正直に答えれば良いんだよ。」

川口弁護士は、井上の顔をのぞき込み、

「あんたなぁ、難しいのは反対尋問や。そりゃ、加地さんの質問に答えるのは簡単や。でも、相手方の弁護士が、あんたの言ったことを覆そうとして、要するに引っかけようとして、意地悪な質問をするんョ。あんたみたいに、ポーッとしとったら、引っかけられて、要らんこと言ったりするんよ。」

「川口先生、そんな……。私の秘書の井上さんを脅かさないでくださいよ。そうじゃなくたって、彼女は緊張するタイプなんだから……。井上さんの尋問は、僕に委せてください。当日までに打ち合わせをするから……。」

加地弁護士が、川口弁護士の発言を遮った。

証人尋問の当日、井上美里は、東京地裁七二二号法廷で、奥大輔本人とウィークリージャパンの記者の間に立ち宣誓書を読み上げたが、それ以降のことは一切覚えていないほど緊張していた。

井上美里の証言に、緊張を原因とする失敗はあったが、アンケート調査の真実性を証明する意味では充分であった。

加地弁護士、川口弁護士、それに井上も、約四時間三〇分にわたる証拠調べが終了した時点で、疲れてはいたが、勝訴の確かな手応えを感じていた。その日の夜、加地弁護士・川口弁護士・弁護団に名を連ねていた他の三名の弁護士・井上・叶・川口弁護士の秘書ら八名は、赤坂の小さな寿司屋で慰労会を開いた。

七　勝訴判決の確定

第一審判決は、奥大輔の全面勝訴であり、判決当日のスポーツ新聞を含める各紙夕刊には、『ウィークリージャパンに謝罪広告命ずる判決・奥大輔へ損害賠償七〇〇万円』『奥大輔・勝ち取った名誉』『奥大輔勝訴！　ウィークリージャパン・またも名誉毀損判決』などの見出しが踊った。

その後、ウィークリージャパンは、控訴・上告と最後まで争ったが、平成一六年六月二二日、真夏のような暑さの中、最高裁判所第三小法廷で奥大輔勝訴の判決が確定した。井上は、最高裁の傍聴席で判決を聞きながら、訴訟が始まってからの四年余を振り返り、全身の力が抜けたような感覚を味わっていた。アンケート調査は井上にとって始めての経験であったが、それほど辛いものではなかった。しかし、川口弁護士と加地弁護士との意見の対立があったときには、両者の間に立ち、人間関係をどのように調整すれば良いのか途方に暮れた。また、井上が書証として提出した陳述書に代わる報告書について、控訴審で大学教授の意見書が二通提出され、「本件報告書は、統計学のイロハも知らない者が書いたような稚拙なものであり、もし自分の学生がこんな答案を書いたとしたら、落第点をつけるだろう」「報告書を書いた人間は偽りを述べている。なぜなら……」などという書面を読んだときには、たいへんな恥ずかしさを覚えた。

井上は、かねてより、最高裁判決で勝訴が確定した時のことを想像していた。法廷には原告・被告両者の弁護団がならび、井上は弁護士らと喜びを分かち合い、その後奥大輔の事務所と活発なやりとりがあり、現在は東大大学院に在籍している奥大輔が記者会見を行い、そして何よりも、奥大輔本人から加地弁護士にお礼の電話が入るだろうと考えていた。

しかし、現実は想像とことごとく異なっていた。最高裁から、判決言い渡しの日時について連絡が入った日、弁護団は、最高裁において弁論が開かれなかったため、判決が控訴審と変わることはないと結論付け、そうだとしても誰かが判決文だけ受領しに行こうと決めた。判決言い渡し時の法廷には裁判所職員以外だれもおらず、奥大輔の事務所からは事務連絡が入ったのみで、勿論奥大輔本人からは何の連絡もなかった。

その日の夕刊各紙には、奥大輔の勝訴が確定した旨の記事が掲載された。また、平成一六年七月二二日号のウィークリージャパンに、一頁の三分の一という大きなスペースを割いた謝罪広告が掲載された。

八　事件終了後の井上の感想

客観的に見て、本件で井上が果たした役割は多かった。初回打ち合わせから全ての打ち合わせと期日に出席し、裁判の進行に関する記録を作成し、アンケート調査の実施や集計を行い、報告書（陳述書）の作成をして、証人として出廷する等々かなりの時間を割いた。しかし、本件で、井上自身が最も重いと感じた役割は、弁護士間、特に川口弁護士と加地弁護士との間の意見調整であった。弁護士同士の意見対立の内容が、法解釈論のことであるならば、井上は単なる傍観者であるが、方針の違い（本件の場合で言えば、アンケート調査をするか否か・名誉を毀損しているとする文言の特定の仕方など）の場合には、井上の果たす役割が重くなる。

また、法律事務所の経営者たる加地弁護士にとって、本件がどのような位置づけだったかについて井上には分からないが、井上にとっては、やり遂げたという思いが強かった反面、判決確定後における奥大輔本人の気持ちを直接聞くことができなかったため、満足感が少なかった事件であったとも言える。やはり、当事者の喜ぶ顔を見るのが、仕事のやりがいに大きく影響していることを実感した事件であった。

(58)　筆者はエスノメソドロジーにつき詳しくない。共著者である大阪大学助教授仁木恒夫先生と共に執行の立会をした際、仁木先生に指導を受けたものであるが、その場の現象・特に会話をありのままに記述し記録をとる技法である。日時・天気・温度・当事者の服装・体型・表情・言葉遣い・行動・その他の経過をありのままに記述する。紛争やそれに関する交渉・訴訟などにつきそのような方法で記録をしておくと、当事者の気持ちの変化等につき、後になってからでも、克明に分析できる。好井裕明編『エスノメソドロジーの現実』(世界思想社・一九九二年)、K・ライター『エスノメソドロジーとは何か』(新潮社・一九九四年)など。

(59)　我が国の民事訴訟法は弁論主義を原則としているが、当事者の主張・立証には不完全なものが多いので、裁判官が訴訟指揮の一態様として、訴訟の内容を明確にさせるために、当事者に対して法律上・事実上の事項に関し問を発し、陳述の補充・訂正の機会を与えたり、立証を促す機能(『法律学小事典』有斐閣より抜粋)。実務では、当事者(代理人)が、裁判官の発問権を促す(求釈明を行う)ケースが多い。

第7章　井上美里の目指すもの

一　何のために裁判はあるのだろう

井上美里は、大学の法学部在学中、「裁判の目的」や「裁判の機能」に非常に興味を持った。民法を勉強すると、多数説だとか少数説などと、個々人の事件を法律で十把一絡げにしたような解釈がなされている。しかし、裁判を傍聴してみると、実際の裁判には実に様々な「顔」があり一つとして同じ事件はない。井上は、平成八年当時、約一年間にわたって、東京地裁民事第五部（一般民事事件部）を初めとして、宮崎・大阪・水戸など各裁判官がマイコートにおいて注目すべき訴訟指揮をしていると言われる各地方裁判所に通い詰めた。そして、様々な事件で、訴訟提起時から徐々に変化していく関係者を含む当事者の顔を直接見て、じかに希望や意見を聞き、観察を続けた。

裁判官・訴訟代理人弁護士・（広く関係者を含む）当事者の関係は、事件により実に様々であった。まさに当事者が訴訟の中心となっていると感じられる訴訟もあったが、多くは、弁護士同士が並列で訴訟を行い、裁判官がその頂点に立つ三角形のような構図になっているように感じられた。法廷や和解の場に度々当事者を伴って現れ、裁判の進行と共に当事者に成り行きを説明している弁護士も中にはいたが、裁判官から当事者を連れてくるようにと何度促されても「和解に関しても任されているから」という理由で当事者を裁判所に連れてこない弁護士もいた。また、裁判官が和解勧試をしても、一回持ち帰って依頼者に聞くということをせず、和解を断り判決を得たいという弁護士もおり、そのような場合には当事者が一度も裁判所に現れず、当事者の真の考え方や思いは、井上には見えてこなかった。さらに、当初は、和解の際に当事者を同行しないにも係らず、結局、

「当事者がどうしても納得しないんですよ。次回、本人を連れてきますから裁判官から和解に応ずるよう説得してみてくださいよ。とにかく頑固で言うこと聞かないんです。」

などと、最終的に裁判官頼みになる弁護士も見受けられた。

井上は、そのような裁判の進行を見ていて、それら事件の当事者は、自分自身の事件の中で、何が法律上の問題になっているのか、相手の主張はどのようなものなのか、自分自身の事件を単純に法律に当てはめて考えるとどのような結論になる可能性が高いのか、和解するとしたら紛争処理という観点からどのような理由でどの程度譲歩するのが望ましいのか等々について、果たして弁護士から正確かつ適切な説明を受け、正しい理解をしているのだろうかという疑問を持った。

紛争とは、感情を持つ人間と人間との間で起こるものであり、紛争当事者やそれを取り巻く関係者

の数・年齢・性別・性格・経済状態・精神状態などすべての背景を含めた事情は個々人で異なっており、一つとして同じ事件などあるものではない。裁判を一度でも経験したことのある人の八割以上が、もう二度と裁判をしたくないと述べているが、その大きな理由として、自分の裁判なのに何をやっているのかまったく分からなかったという点をあげている。

井上は、約一年間裁判を傍聴し観察した結果、裁判の利用者が、一つ一つの訴訟手続の意味を知り、当事者（自分自身）の主張を整理しながら、（代理人の力を借りたとしても）自分自身で対話を重ねていくこと自体が、裁判の目的なのではないかと考えるようになった。

二　当事者の主導による分かりやすい裁判実現のために

国民にとって司法は遠い存在であり、国民が裁判をするためには「弁護士」に依頼し、弁護士に依頼した後は「難しい問題は先生にお委せする」というパターンが通常であった。しかし、そのような方法では、当事者が、自分自身の紛争の何が問題点となっており、それがどのように整理され、どのような経緯や理由で、判決なり和解なり、また、勝訴なり敗訴なりの結論が導き出されたのかを理解することは難しい。

井上は、多くの裁判を見てきて、裁判が終了したからといって、当事者の納得が得られ感情が整理されているとは限らず、したがって「紛争処理」ができているとはいえないケースがあることを強く感じた。紛争処理の実現、つまり、当事者にとって分かりやすく、結果についてそれなりの納得を得、裁判終了後に当事者が新たな目標に向って歩みだせるような裁判を実現するためには、当事者が自分自身の裁判に積極的にかかわり、当事者自身の感情を整理し、結果として紛争そのものを客観的に見ることができるようになる必要がある。そして、相手方との間で何が問題になっているのかを正しく理解し、その問題点について自分自身が納得できるような解決方法を自らが考えることができれば、裁判が終了した後、当事者は「自分自身」を取り戻し「社会復帰」することができるのであろう。

井上は、「裁判の終了」と「紛争の処理」とは明らかに異なると考えている。紛争当事者が紛争を処理できるよう精神的局面から応援し、裁判手続や法律用語などについての理解を深められるような手助けをして、また、弁護士が仕事をしやすいように当事者の考えや希望を法的観点から整理してまとめる。そのような仕事ができる専門職が存在すれば、国民にとって法律事務所はより身近な存在になるだろう。井上は、法律事務所には、紛争処理を調整する弁護士以外の専門職が是非とも必要だと考えるようになった。

三　紛争処理の調整役

　井上美里は、法学部を卒業し法学研究科を修了した後の進路について考えたとき、井上が裁判を傍聴した経験から必要だと考えた「紛争処理の調整役」を実際に経験してみたいと強く希望した。そのような職業が紛争処理の役に立つか否かを試すには法律事務所に就職する必要があったが、幸運にも井上自身の考えを十分理解してくれる弁護士に出会うことができ、現在、加地修法律事務所で紛争処理の調整役として、日々、試行錯誤しながら仕事に励んでいる。

　紛争の種類が様々で一つとして同じ紛争がないのと同様、紛争の処理の仕方・自立支援の方法も一つとして同じものはない。井上は、紛争を抱えて困っている人々が、司法を身近なものと感じ、法律事務所を気楽に利用できるよう願っているが、そのために、当事者と弁護士との間に立ち、法的能力・カウンセリング能力・コミュニケーション能力などの学習をしつつ、当事者と弁護士の双方が互いの主張を理解し紛争処理がスムーズに行われるような仕事ができるよう目指している。

　「委せておけばよい」という弁護士はいまやもう必要とされていない。また、「紛争を解決する」という考え方も少し修正すべきであろう。紛争の一部分である要件事実だけを見るのではなく、個別の紛争全体の形、固有の人間を適切にとらえ、訴訟の各手続によるメリット・デメリットを当事者によく説明し、当事者自身が自らその手続を選択できるような手助けをする役割、複雑な法律を分かりやすい簡単な言葉で当事者に話す役割が必要であり、井上はそのような役割をこなすことができるようになりたいと願っている。もしかしたら、人間の中の紛争・事件は「解決」できなくてもよいのかもしれない。ねじ曲がって絡み合った形で、法律事務所の入口から入って来た紛争が、少しでも整序された形で法律事務所の出口から出て行くことができれば、人間はそのような紛争の中で、自立して生きていくことができるのではなかろうか。

Ⅱ

リーガルコーディネーターの理論

第1部　自立支援型リーガルコーディネーター論

第1章　はじめに

本書の[I]では、麻田恭子氏の現場報告をみてきた。「サラ金地獄からの再起——自己破産申立事件」「勝っても取り戻せないもの——貸金返還請求事件」「記事の真偽と現地調査——名誉毀損による謝罪広告等請求事件」とそれぞれに異なる三つのタイプの事案が取り上げられ、そこでは、現場を知るものの視点で、主人公である井上美里の活動が生き生きと描写されている。[II]では、これらの現場報告を理解するひとつの枠組を示し（第1部）、活動の場としての法律事務所のあり方を検討し（第2部）、そこで発揮されている実践的技能について整理を試みるものである（第3部）。

麻田恭子氏は、通常は「訴訟担当秘書」として自身の業務を説明している。それは一般には法律事務職員とされている範疇に属するものといえよう。しかし、彼女の活動を仔細に見ると、「リーガルコーディネーター」と名づけることがふさわしい内容をふくんでいるのではないだろうか、ということが麻田恭子氏、加地修弁護士、筆者のあいだでの共通意見となった。では、この「リーガルコーディネーター」とは、どのような役割や機能が期待されるものととらえるべきなのだろうか。とりわけ、従来の「事務職員」や近時活発に議論されている「パラリーガル」とは、どのような共通点や相違点があるのだろうか。

以下、次のような順序で論じるなかで、リーガルコーディネーターの輪郭を示したい。筆者は、弁護士による法的サービスの主目的を、依頼者の自立支援という観点からとらえている。こうした観点にたつならば、従来の法的サービス・イメージは必ずしも十分なものとはいえず法的サービス観の転換が必要である（第2章）。その法的サービス観の転換を合理的に展開させるためには、弁護士単独のサービスから法律事務所の総合力によるサービスが有効であり、それはコミュニケーション態勢によって支えられるものである（第3章）。弁護士との協働のなかリーガルコーディネーターに期待される活動は、法援用の現場における「関係調整」という側面に特徴がある（第4章）。最後に、リーガルコーディネーターの普及浸透の可能性について考える（第5章）。

第2章　法的サービス観の転換

一　従来の弁護士サービス観の問題点

まず、これまでの一般的な弁護士イメージについて考えてみよう。庶民が紛争に巻き込まれて困っているとき、弁護士は高度な法的知識を駆使して助けてくれる。弁護士は、素人の依頼者の権利を守ってくれる頼もしい法専門家なのだ。そして、法律事務所のスタッフ（法律事務職員）は、弁護士が依頼者の権利を守る重要な仕事に専念できるために、その他の単純事務作業を担うのである。なお、法律事務員という職業は長期にわたって従事するものではなく数年で退職することが予定されているので、法的専門性を必要とするような作業に従事することはとても期待できず、受付、電話の取次ぎ、お茶だし、コピーといった単純作業が中心となる。以上が、弁護士と法律事務所の事務職員についての、一般的なイメージではなかろうか。

たしかにこのようなイメージには抽象的には庶民の期待や想像をあらわす一面もある。けれども、

「素人―専門家」関係としてのこのような把握の仕方は、じっさいに依頼者が弁護士と接する場面では、望ましくない形態になってしまう危険性もあわせもっている(1)。

第一に、そこでは、依頼者が「素人」で「弱者」であることが想定されているように思われる。その依頼者に接するとき、弁護士は法律を知らない「弱者」である依頼者を守って「あげる」という恩着せがましい姿勢をとってしまうことはないだろうか(2)。その「恩着せがましい」態度は、弁護士自身にとっては満足が得られているのかもしれないが、ひそかに依頼者を傷つけることになる。

第二に、依頼者のほうでも、過剰に頼もしさをアピールする弁護士に対して、依存を高めていくことになる(3)。「先生に任せておけば心配ない」というメンタリティをもってしまう。しかし、最後に生活に戻り結果を引き受けるのはいうまでもなく、その依頼者自身なのである。相手方のある紛争では、往々にして当初の要求がすべて実現されるわけでもない。任せておいて納得のいく結果にはいたらなかった場合、「素人」である依頼者に対して弁護士は「法律ではこうなるのです」という「専門知識」に基づく説得をおこなうことになるだろう。そこで依頼者は大きな失望を味わうことになる(4)。

このような危険性は、弁護士を「高度な法的知識」の「専門家」として狭くとらえている点に原因があるのではなかろうか。弁護士業務は素人には評価のできない「高度な法的知識」に基づくサービスであるとされ、依頼者はその専門知を駆使する弁護士に依存を強めていかざるを得ず、しかも結果の妥当性についても依頼者が口を挟むことは遮られるのである。弁護士の法的サービスは、「高度な法的知識」が不可欠であるというのは事実であるとしても、それさえそなえていれば十分というものではない。それでは弁護士による法的サービスの提供とはどのようなものであるべきなのか。その点を次節で考えてみよう。

二　法的サービス提供のあり方

弁護士による法的サービスの提供とは、依頼者の事件を制定法規範にてらして考えるとどのような結論が予想されるかについて情報提供すること、さらには弁護士が代理人になってその予想にそくして弁護活動をおこなうことである。従来はそのように考えられてきた。このような「高度な法的知識」に着目した理解は、たしかに弁護士による法的サービスの提供の重要な一面を説明している。けれども、弁護士のもとに訪れる依頼者の観点からするならば、けっして必要十分とはいえない。

規範的な予測は「要件事実」(5)にそくしてなされるが、依頼者が生きている世界は「要件事実」に限定されているわけではない。紛争の経緯、様々な利害関係人、感情、功利、ださん……そういったふくらみをもった物語世界のなかで依頼者は生活しているのである。また、法制度が提供できる結論は、金銭等の「経済的利益」の形をとるが、依頼者の求めるものはそれとずれることもある。「金の問題ではない。」「謝罪が欲しい。」「事故の再発を防止して欲しい。」「抜本的な救済策を実施して欲しい。」

……紛争当事者は、ときにそうした欲求を口にする。(6)依頼者は「正確な」法的知識を提供されさえすればそれで満足するというわけではないのである。

依頼者は、法的には「瑣末」で「無意味」で「不可能」とも思われる、(7)このような物語世界や欲求をめぐって思い悩み、折り合いがつけられずにいる。そこに弁護士が「法的な専門知識」の切り売りをおこなっても、依頼者の腑に落ちる解決にはならないであろう。依頼者が、弁護士の提供する解決方針や見通しを自分なりに理解し、それをふまえたうえでの自分のなかでの紛争の落としどころを自分のペースでもって探るプロセスが必要なのである。弁護士は、その作業によりそい、依頼者が何らかの展望をもって生活の場へ戻っていける「落としどころ」を獲得できるようなサポートをしていく必要がある。(8)法規範はそのための道具の一つにすぎない。すなわち、弁護士の法的サービスは、依頼者の自立支援を目指しておこなわれるべきだと考えるのである。(9)今般の司法改革は、利用者に使いやすい司法制度の構築を構想している。このことを実践、定着させるためには、このような依頼者の視点をふまえた法的サービスの提供や法援用のあり方が見直される必要がある。

他方で、現実にはけっして十分とはいえない現在の法曹人口のもと、多くの弁護士が多くの事件を抱えて忙しくしている。したがって、依頼者の包括的な紛争処理のために弁護士が多くの時間を割くことは容易ではない。また、弁護士自身にゆとりがない状態で話をきく「形式」だけ繕おうとしても、依頼者は鋭敏に「弁護士のいらだち」を感じとり、かえって萎縮してしまうのではなかろうか。(10)しかしながら、弁護士による法的サービスの提供が、弁護士単体でなされていると限定して考える必要はない。もう少し視野を拡げるならば、弁護士を中心としながら法律事務所の総合力で依頼者の紛争処理のためのサービスを実施しているととらえることができよう。そして、依頼者が訪れる法律事務所においては、弁護士だけではなく、法律事務職員との接触がある。現場では、忙しく時間を作ることが難しい弁護士と依頼者とのあいだで、法律事務職員が両者の橋渡し役をおこなっているのである。そして、一見、単純作業と評価されてきた法律事務職員の実践のなかには、弁護士が時間的に担いきれない領域での依頼者の自立支援に貢献しているものもあるのではなかろうか。

これまで弁護士による法的サービスは、弁護士単体によって提供されるものととらえられてきた。しかし、今一度依頼者の観点に立ったとき、法的サービスは依頼者の抱える紛争総体を扱うものであり、それを合理的に実践するためには法律事務職員をもふくめた法律事務所の総合力で対応することが望ましいのではないかということが見いだされた。ここに従来には意識されることの少なかった「法律事務所における事務職員との協働」の可能性がみえてくるのである。

(1)　仁木恒夫「弁護士と依頼人」和田＝太田＝阿部編『交渉と紛争処理』(日本評論社、二〇〇二年) 特に二八〇ページ以下による。

(2)　さらに、弁護士が「社会正義の実現」という「公共奉仕」の価値に重きを置くとき、弁護士のこのような姿勢がいっそう強化および正当化されるのではなかろうか。それは弁護士のプロフェッション性に由来する危険性なのである。弁護士の「プロフェッション・モデル」に対する痛烈な批判として棚瀬孝雄『現代社会と弁護士』(日本評論社、一九八七年)参照。

(3)　紛争当事者の法制度に対するニーズの「過剰性」と「過少性」については、和田仁孝「『法的紛争解決』観念の揺らぎ」宮澤＝神長編『法社会学コロキウム』(日本評論社、一九九六年)二六九ページ以下。

(4)　Richard Wasserstrom, "Lawyers as Professionals: Some Moral Issues," Human Rights Vol. 5 (1975-1976), pp. 1-24では、弁護士がプロフェッションであるという役割規定から、法的サービス提供の場面で相手方や広く第三者を害する虞があることと、ときに自分の依頼者さえも一人の人間としてではなく「解決してあげる対象」であるかのようにあつかう対応がなされるとして厳しく批判している。

(5)　民法や商法などの実体法規は、ある事実Fがあれば、ある権利Rが生じるというように定めている。要件事実とは、このような一定の法律効果を発生させる要件(事実F)に該当する具体的事実をいう。要件事実は、民事訴訟において確定すべき最小限の事実であり、立証の対象の核心であるとされる。

(6)　法が想定する「金銭賠償の原則」の問題についての不法行為領域での分析として棚瀬孝雄「不法行為責任の道徳的基礎」阿部昌樹「法的思考様式と日常的道徳意識」和田仁孝「交渉的秩序と不法行為訴訟」以上棚瀬編『現代の不法行為法』(有斐閣、一九九四年)所収。

(7)　法に切り詰められない紛争のふくらみについては井上治典『民事手続論』(有斐閣、一九九三年)一二三―一四〇頁、またそうした作業を弁護士の水準で検討するものとして棚瀬孝雄『権利の言説』(勁草書房、二〇〇二年)一二七ページ以下。

(8)　William H. Simon, "Should Lawyers Obey the Law," William and Mary Law Review Vol. 38 (1996), pp. 217-253は、硬直した法実証主義的な法観念を前提とするカテゴリカルな判断に基づく弁護活動が適切さを欠くことを指摘し、それにかわるものとして文脈的判断(contextual judgment)の有効性を説いている。要件事実中心的な法的思考に対して、依頼者がおかれている状況をふまえた、いわば固有の物語性に配慮を要求するものとして、示唆に富む議論である。

(9)　自立支援については仁木恒夫「法的サービスの提供と法律事務員の活動」法社会学六一号（二〇〇四年）九二―一一〇頁参照。

(10)　もちろん、中村芳彦「声を聞く法律家」井上＝佐藤編『現代調停の技法』（判例タイムズ社、一九九九年）四六一―四六八頁など依頼者との面談の重要性を認識し、法律相談のあり方について意識的に工夫をおこなっている弁護士も存在しており、その拡大の努力が期待されることはいうまでもない。また、法的処理の中核の原理に「対話」を据えて「法と対話の専門家」理論を展開するものとして、大澤恒夫『法的対話論――「法と対話の専門家」をめざして――』（信山社、二〇〇四年）が注目される。

第3章　協働の必要性

一　「専門性」の基準を超えて

法律事務所の総合力を向上させて、依頼者によりよい法的サービスを提供する態勢をつくるためには、弁護士だけではなく法律事務所のスタッフにどのような活動を期待するかが重要になってくる。この点、図式的に整理すると、スタッフである法律事務職員の業務は一般的事務に傾斜したものか、それとも弁護士業務の一部を肩代わりした専門的事務に傾斜したものか、という分類で通常はとらえられているのではなかろうか。一般的事務とは来客の応接、コピー、電話の取次ぎなどを指しており、専門的事務とは債務整理、保全や担保取消の手続準備などを指している。この分類の観点は、専門能力の有無を基準としているということができよう。しかしながら、このような二項対立的な分類のみで法律事務職員の業務を把握することで、「依頼者によりよい法的サービスを提供する態勢」を構想していくことができるのだろうか。

まず、法律事務職員の主要業務は一般的事務であるという理解である。依頼者の接遇、コピー、電話の取次ぎといった業務は、機械的な作業である。そこでは法律事務職員が事件の内実を深く知る必要はないし、もちろん法的知識を習得している必要もない。法律事務職員という職業は、他業種の事務職員と同様に数年で職場を辞めていくし、容易に代替可能な仕事なのである。しかし、そこでは弁護士が事件処理のために多くの時間を割かなければならない。依頼者から事件を受けてすぐに、その事件にとって重要な事実が出そろうわけではない。弁護士は時間をかけて依頼者から話を聞いて、そのつど必要な資料を収集する。(11) このような事件の全体像をつくりあげていく作業を弁護士がすべて担っていくというのは、多くの場合、現実的ではない。

忙しい弁護士業務を合理化する態勢をつくるべきである。そういう議論を受けて、法律事務職員に専門的業務を担当してもらうというパラリーガル論が提唱されている。(12) 弁護士が独占している「法律事務」のうちで序列化をはかって、重要性が高くて事案の帰趨に大きな影響を及ぼす判断を必要とするものについては弁護士が引き受けるが、そうでないものについては弁護士の監督のもとで法律事務職員が処理してよいものがあるのではなかろうか。最終的には弁護士が責任を負うけれども、一定の範囲では法律事務職員が裁量的に処理していくことで、法律事務所内での合理化がはかれるというのである。しかし、そこには次のような危険性も伏在している。業務を長く続けていく中では、法律事務職員も知識技能を向上させて、裁量を要する専門的事務をおこなう領域を「自然に」拡張していくことが予想される。そして、本来弁護士が担うべき作業を、独断であるいは弁護士の指示により、法律事務職員が侵食していく可能性もある。[13]そのことは、ひいては依頼者の利益を不当に侵害することにもつながりかねないのである。

法律事務職員は、一般的事務に従事すべきか、専門的事務に従事すべきかは、一概にはいえない。いずれに力点をおいた業務態勢でも、それぞれの法律事務所のあり方しだいで十分に力を発揮するかもしれないし、逆に仕事が滞ったり不当な法的役務をおこなってしまう危険性もある。法律事務所の総合力を向上させるあり方を構想していくためには、この二項対立の峻別論とは異なる次元での工夫が求められるのである。

二　法律事務所における協働

法律事務職員が法的な知識技能を発揮するべきか、その必要はないか、ということは法律事務所を組織する際のひとつの目安になる。そして、事務所を経営する弁護士が思い描く弁護活動との関係でいずれの方向で協働のあり方が模索されるかがはかられるであろう。

ところで弁護士と法律事務職員との協働とはどのように遂行されていくのであろうか。弁護士は、法律事務職員の活動領域を明確に分割し、機械的に分担を決める。そしてその分担に基づいて弁護士が法律事務職員に指示を出す。おそらく多くの法律事務所の現場では、このような関係の一面をもっているであろう。しかし、弁護士の都合に応じた一方的な指示命令による業務の遂行は、「依頼者によりよい法的サービスを提供する」ことを妨げる危険性もあるのではないだろうか。コピーや電話の取次ぎなど一般的事務について、指示された作業が弁護活動過程においてもっている意味が理解されていない場合、法律事務職員は断片的な作業をただこなすだけであり、そこに仕事に対する意欲を見出していくことは難しくなる。他方、債務整理や書面の起案などの専門的事務については、弁護士が多忙になれば法律事務職員への丸投げに近い処理がおこなわれることが危惧される。

こうして弁護士と法律事務職員との関係が一方的な指示命令による「協働」には、弁護士の業務がいっそう忙しくなるなかで、法律事務職員の意欲の低下や法律事務職員による活動範囲の不当な拡張をひきおこす可能性が伏在しているのである。(14) 事務所の機能を阻害するこのような危険性を防ぐためには、一方的な指示命令とは異なる連携形態を実践することが求められる。すなわち、法律事務職員は、一般的事務であろうが専門的事務であろうが、弁護士の方針および活動のなかでどのような意味をもっているのかについて自分のうちに意味づけをおこないながら、弁護士の指示にしたがった作業をすすめていくことが必要なのである。したがって、法律事務職員もまた事務所の状況および事件処理について、一定の幅広い情報を共有しておかなければならない。(15) そのためには弁護士と法律事務職員とのあいだにコミュニケーション態勢が確立されることが求められよう。そのうえで、法律事務職員には、個々の作業の意味を理解した適切な遂行が期待されるのである。

弁護士と法律事務職員との間に、いわば断片的作業の一方的な指示の関係ではなく、より広い情報もふくめた相互的なコミュニケーション関係が形成されることによって、[16]協働が効果を発揮し、事務所の機能が高まるものと推測される。ただし、弁護士と法律事務職員との情報の共有は、けっして両者の考えが完全に一致していることを意味するわけではない。弁護士は、ともすると自分の考えに一致した行動を法律事務職員に当然のように要求することがあるかもしれない。しかしながら、法律事務職員は別個の人間であるし、担当する業務も異なっている。それに観点が異なるからこそ、適切な連携を実現する相互抑制と相乗効果を発揮するのである。とりわけ、忙しい弁護士にかわって依頼者に接することの多い事務職員は、弁護士とはまた違う面でより依頼者の状況や気持ちを知ることもあるだろう。事務所の総合力によるサービスの目標が依頼者の自立支援であるとすると、弁護士の側でも依頼者の多面的な状況をふまえたうえで弁護活動を構想していくことが必要なのではなかろうか。だからこそ「相互的な」コミュニケーション関係でなければならないのである。[17]

法律事務所に求められている協働とは、専門的知識の有無よりも、弁護士とは異なる観点をもちつつも、一連の弁護活動のなかでの意味を理解して適切な作業遂行をなしうることである。そして、そのためには、弁護士と事務職員とのあいだに相互的なコミュニケーション態勢が確立され、幅広い情報が共有されることが必要なのである。こうした協働観の立ちながら、次章ではそのなかでの事務職員の活動についてもう少し詳細にみていこう。

(11)　竜嵜喜助『裁判と義理人情』(筑摩書房、一九八八年)二八八頁。

(12)　たとえば永尾廣久「『パラリーガル』(分野制・一級秘書)の実現をめざして」自由と正義五〇巻九号三八―四九頁。また日弁連では、永尾の説くところと必ずしも一致するわけではないが、パラリーガル実効化のための検討がすすめられている。

(13)　法律事務職員の非弁活動への関与の危険性については、日本弁護士連合会弁護士倫理に関する委員会『注釈弁護士倫理［補訂版］』(有斐閣、一九九六年)五三―五五頁参照。

(14)　さらに一般的事務、専門的事務を問わず、事務職員の手持ちの業務の状況を、弁護士がまったく気づいていない場合、業務の適切迅速な処理が不可能なほど事務職員の負担が過重になることが危惧される。

(15)　仁木恒夫「『単純』事務作業の創造性」和田仁孝＝佐藤彰一編『弁護士活動を問い直す』(商事法務、二〇〇四年)一二三―一四七頁参照。

(16)　その実践のツールとしてITをフルに活用した法律事務所の報告として若松敏幸『新・法律事務所経営体験記Ⅰ経営編』(リトル・タイガー出版、二〇〇五年)。

(17)　このような観点の違いをサービスの質の向上に結びつけることができるかどうかは一時的には弁護士の意識によるであろう。しかしながら、本書後編第二部にあるように、「弁護士の基本的考え方を知る」「弁護士の性格や好みを知る」「事務所内の雰囲気づくり」など、「弁護士への対応」のなかでリーガルコーディネーターの側でも自覚的に努力することで、このコミュニケーションをより充実したものにする下地を用意することができるのではないだろうか。

第4章　リーガルコーディネーターの活動

一　弁護活動の調整

現在、法律事務職員の活動は単独で成立するものではない。弁護士業務のなかで、法律事務所の総合力を構成する一部としてはじめて、法律事務職員はその能力を発揮することができる。まず、この基本的な事実をまずおさえておかなければならない。法律事務職員の作業は、不可避的に弁護士業務に付随するものであり、弁護活動をより合理的かつ円滑なものにすることが期待されるのである。

すでにみてきたように、協働を実効化させるためには、弁護士からの個々の指示に基づいて法律事務職員は単に断片的な作業をおこなっているととらえるべきではない。そうではなく、個々の作業は、現在の事務所の全般的な状況と弁護活動の一連の流れについての一定の理解を獲得した上で、遂行されなければならない。書類作成であれ、コピーであれ、電話の取次ぎであれ、個々の作業としてはいずれも定型処理が可能なものに思われるかもしれない。しかしながら、その作業が前提としている事案の特徴、現状、当事者の性格は様々である。弁護士がそのとき同時に抱える多様な案件のなかでは、同じ作業でも対応の仕方や迅速さがかわってくる。そうした状況判断は、事務所の全般的な状況と弁護活動の一連の流れについての理解を基礎としてなされるものと考えられるのである。

法律事務職員には、すこぶる実践的な意味で、法律事務所および弁護活動について包括的な理解に基づいた、弁護士の指示への対応が求められる。それに、自分のおこなっている作業が具体的な事件処理のなかでどのように役に立っているのかを知ることは、法律事務職員自身にとっても有益でもある。すなわち、彼/彼女たちが、個々の作業の意味を見出し、業務への意欲を高めていく動機づけとなると思われるのである。

そしてそのさき、弁護士や事務所の業務全般を俯瞰できるようになると、状況をふまえつつ弁護士の活動のさきをよんで、法律事務職員が機転を利かせた準備や対処をすることが期待できる。たとえば、事務所に数多くかかってくる電話のなかで、ほんとうに緊急性のある事項を見分けて、弁護士に正確に伝達するというようなことが実践されうるのではなかろうか。[18] あるいは弁護士の考え方を酌んで、依頼者への手当を自発的におこなうこともあるだろう。[19] こうした法律事務職員の活動は、弁護士が思い描いているサービス観をより円滑に、しかも豊かなものにする。

法律事務職員の活動のあり方として、専門的作業であれ単純作業であれ、個々の断片的な作業としてではなく、弁護士の活動がより実効性を高めるように有機的に遂行されていくものとしてとらえてきた。ここに示されたような活動は、単に形式的にスケジュール管理するというのではなく[20]、より実質的な意味で弁護活動を調整する活動ということができるのではなかろうか。

二　依頼者との橋渡し過程での調整

不可避的に弁護士業務に付随するものであるということから、より円滑な弁護活動態勢を実現するという観点で、法律事務職員の活動をみてきた。たしかに、法律事務所の総合力で依頼者のために最良の法的サービスを提供することを目指すのであるから、この抽象的な目標のかぎりでは弁護士と法律事務職員とのあいだには一致がある。また、そうでなければならない。けれども、すでに述べたように法律事務職員の観点を弁護士の便宜と完全に一致したものと考えるべきではない。そしてそのことは、とりわけ依頼者との関係で重要性をもってくる。

次のような場面で、法律事務職員は依頼者と接することが考えられる。弁護士活動の延長として、弁護士の指示に基づいて法律事務職員が依頼者に必要な資料を用意したり、あるいは注意事項を伝達したりすることがある。法律事務職員は、弁護士の弁護活動における意図をふまえたうえで、適切に伝達しなければならない。そのさい、弁護士が必ずしも自覚して想定していなかったような事項、たとえば、依頼者には準備してもらう資料の用途や注意事項の意味するところを併せて説明することも求められるだろう。またときには依頼者からさらにつっこんだ質問を受けることもあるだろうが、それに適切な範囲で対応することも必要なのである。

けっして非難されるべきことではないが、依頼者は多少の動きがあっても不安を抱き、弁護士に連絡を取ろうとする。しかし、多くの弁護士はきわめて忙しい。すぐに依頼している弁護士に直接連絡が取れるとは限らない。そのさい、連絡を受けた法律事務職員が依頼者の用件を正確かつ迅速に弁護士に伝えることが要求されよう。ここでも依頼者からは必ずしも要領を得た連絡があるわけではない。その話に応じながら、弁護士に伝えるべき内容を的確に理解し整理しなければならないのである。

こうみてくると法律事務職員が依頼者と接する場面では、形式的には連絡の取次ぎや伝達を担うことになるが、現実にはよりふくらみのあるやりとりをおこなっているものと推測される。そして、忙しい弁護士に代わって、依頼者の未整理なままで折り合いのついていない紛争の物語について、法律事務職員が時間をかけて聞き取っている。要件事実とは関連がうすいかもしれないけれども、弁護士が依頼者の自立的紛争処理のために必要な情報を、依頼者との応接のなかで獲得していくのである。

それは一見すると法とは無関係な、いわば擬似カウンセリングのようにも思われる。しかしけっしてそうではない。紛争処理のポイントをはずさないためには、今この依頼者の紛争がどのような法的問題として構成されるのか、そして実務上どのようなことが重要になってくるのか、そうした観点を維持しながら対応することが必要なのである。また、弁護士がどのような枠組で考えているのかを理解していることで、法律事務職員の弁護士に対する情報伝達もスムーズに達成されるにちがいない。したがって、以上のような法律事務職員の一連の活動には相応の法的な知識が必要になってくるであろう。

法律事務職員は、依頼者と接触するにあたり、一定の法的観点をたもちながら、時間をかけてその語りに耳を傾けることが求められる。それは法律事務職員に固有のリーガル・カウンセリングといえるかもしれない。Iで紹介されていた井上美里の次の活動が想起される。「サラ金地獄からの再起――自己破産申立事件」において、井上美里は自分のほうから気を使った電話を入れるなど依頼者の高原氏の精神面でのフォローを積極的におこない、「勝っても取り戻せないもの――貸金返還請求事件」において、依頼者の柳沼氏の加地弁護士に対するわだかまりを聞き取り対応していた。カウンセリング的な実践例といえるのではないだろうか。[21] 依頼者が紛争に折り合いをつける作業に協働参加しながら、そのときの依頼者の様子から感受した情報を適切に弁護士に伝達するその役割は、微妙な調整を必要とする「橋渡し」ということができるのではなかろうか。

三　法援用の現場の微調整

法律事務職員の活動は、弁護士と依頼者との橋渡しを機軸とする。そしてそれは、弁護士の法的サービスを理解しその延長としておこなわれるべきであると同時に、ときには、弁護士には担いきれない依頼者の語りに耳を傾け、そのポイントを的確に弁護士に伝えることが期待される。このような活動は、「関係調整」という機能をもつことになる。弁護士と依頼者との出会いがよいものになるための関係調整機能をもつと考えられるのである。そして、そのことをより明確にするために、このような活動に自覚的でかつその技能向上をはかろうとする法律事務職員を本書では「リーガルコーディネーター」とよぼう。

この「リーガルコーディネーター」としての「調整」活動は、たしかに弁護士と依頼者との橋渡しを機軸としてはいるけれども、その局面にとどまるものではない。弁護活動には、相手方、裁判所、その他関係人との接触がある。その間をつなぎ、弁護活動がスムーズにすすめられるような調整をともなう橋渡しが、やはり必要になるであろう。Ⅰの「記事の真偽と現地調査——名誉毀損による謝罪広告等請求事件」では、ときには井上美里が現場の函館におもむき関係者である地元の人々にアンケートを実施して情報収集をおこなうことや、共同代理人となった加地弁護士と川口弁護士との間での調整の働きも示唆されている。弁護活動の機能を高めていくひとつの方向として、リーガルコーディネーターのこのような幅広い関係調整活動は有益に働くのではなかろうか。

そして、すでに述べたようにこの弁護士の法的サービスは、依頼者が弁護士のもとを離れた後、何らかの生活の展望やその手ごたえをもって立ち戻っていくことを主目的としてなされるべきものである。したがって、リーガルコーディネーターの関係調整も、この依頼者の自立支援に効果を発揮するものでなければならない。とりわけ依頼者と接する機会を多く持つリーガルコーディネーターは、まさに依頼者の観点を的確に把握しながら、法的サービス提供過程で接するその他の人々との調整活動でも、そして弁護士との調整活動でも、固有の観点からこの橋渡しの役割をはたすことが可能なのではなかろうか。

ここにみてきたリーガルコーディネーターの活動には、弁護士の法的サービスの質を法律事務所の総合力によって高めていこうという協働の発想との親和性をみてとることができる。リーガルコーディネーターの活動は、依頼者の自立支援に大きく寄与するにちがいない。しかしその前提として、弁護士と異なる観点をもちつつも、リーガルコーディネーターが弁護士とのあいだに相互的なコミュニケーション態勢が確立され、幅広い情報が共有されることが必要なのである。弁護士の考えをより効果的にサービスのかたちにしていくためには、弁護士との協働態勢が形成されているリーガルコーディネーターの微調整が有益なのである。

(18)　仁木恒夫「法律事務員の多様な能力の発揮を支える基盤としての協働態勢――日弁連アンケート調査結果およびレポートをふまえて――」平成一五年一一月一四日第一三回弁護士業務改革シンポジウム『激動の中の弁護士業務改革』資料七頁以下、特に一六―一七頁参照。

(19)　仁木恒夫＝麻田恭子「共同研究・法律事務職の可能性」久留米大学法学第四六号三五一頁で、筆者が紹介し

た麻田氏の多重債務依頼者への配慮のようなふるまいである。

(20)　もちろん、スケジュール管理作業もその内実は、ここでみたような弁護士や事務所の実情を十分ふまえた実質的なものとして実践されていることも少なくないだろう。そもそもスケジュール管理は、弁護士のその時々の手持ちの事件数やその内容、弁護士の活動状況などを把握しておかなければなしえないと考えられるのである。

(21)　なお、井上美里は、「勝っても取り戻せないもの――貸金返還請求事件」において、依頼者の自立支援をなしえたのかやや自信なげに自問自答している。この点に関連して二木雄策『交通死』の次の記述が示唆的である。「賠償交渉というのは、金銭では評価できないものを金銭の授受で片付けなければならないという矛盾を自分の心の中でどのように解決するか、という過程全体だということになる。問題なのは金額ではなく、失われた生命を金額で表示し、金銭と交換することの意味そのものを自分自身に納得（あるいは諦め）させるプロセスなのである。」二木の議論は、肉親を交通事故で失った当事者としての体験をふまえたものではあるが、法的プロセスが、紛争当事者にとって当該紛争に対して気持ちの上で決着をつける場であるということは広く妥当するのではなかろうか。そうであるとするならば、本書のケースでも、井上美里の活動は、柳沼氏の言葉に表れているように、それなりに気持ちに決着をつけるプロセスになっていると解釈できるように思われる。それによって、柳沼氏は、いまある生活により気持ちをそそぐことができるようになった（当事者の自立）のではなかろうか。

第5章　多様な展開の可能性へ向けて

すでにみてきたように、本書で紹介している「リーガルコーディネーター」は、いわゆる法律事務職員を出発点としている。そして、その活動内容も、現役の法律事務職員のものと共通しているものが多いのかもしれない。そこであえてその活動の特徴とするところを強調して述べると、次の二点が重要なのではなかろうか。

第一に、弁護士との協働態勢が確立したなかで実践される活動であるということである。[I]の報告事例をみてもわかるように、麻田氏が実践しているリーガルコーディネーターは、かなり実質的に事件処理にふみこんだ作業をおこなっている。したがって、この活動を適正なものに維持するためには、弁護士とのあいだでの協働態勢が確立されていることが不可欠なのである。

第二に、リーガルコーディネーターは、弁護士と依頼者との関係調整を担うものである。弁護士の基本的考え方を知ること、事務所内の雰囲気づくり、期日への立会い、時間厳守、電話の応対、身だしなみ、リーガルカウンセリング……どれをとっても、それは依頼者の自立支援へ向けて弁護士と依頼者との出会いがよきものになることを主目的としているのである。

法律事務職員がこのような活動を自覚的に実践していくためには、相応の鍛錬が必要になってくるだろう。そしてその多くは現場で習得されていくものかもしれない。そのさいに意識して実践すべき点につき、実践者である麻田氏の手になる第3部の具体的スキルについての記述が参考になるだろう。しかし、ここでとりあげているリーガルコーディネーターの活動はけっして特異なものではなく、現に活躍している法律事務職員の実践のなかにも散見されるものであることも忘れてはならない。本書では、「自立支援型」という方向性を強調したモデルを提示してきたが、また別の観点から調整活動のあり方をとらえることも可能であろう。いずれにしても雇用する弁護士の側の意識改革によって、依頼者と弁護士とのよき出会いのための条件を整える、隠れたリーガルコーディネーターがその能力を発揮することは十分に考えられる。ここに示された麻田モデルはひとつの可能性であって、弁護士や事務所の諸条件ごとに、展開の可能性は多様なのではなかろうか。

第2部　望まれる法律事務所像

第6章　「町弁」の存在意義

私は、高校時代、身近に起ったある出来事を機会に、世の中には法律を知らないと不利益を受けることがあるのではないか、という疑問を持ったことがある。私は四国の田舎で過したので、全般に法律知識を知らず、いわゆる村の紛争などは村の顔役達が集まって解決していたと思われる。しかし、ひとたびその紛争が個人間のものであり、当事者間で話し合いがつかない時には、弁護士を雇うお金を持つ人が弁護士を雇い、問題を解決、処理していくことになる。その場合、どうしても弁護士を雇えない、お金の無い人が不利益を蒙ることになる結果を見て、この世の中は不公平なのではないかと考えるようになった。そこで私が考えたことは、私自身が法律を知る立場になり、法律を知らないことによる被害者の立場にならないようにしよう。次に、法律を知らないことによって不利益を受ける人のために役に立ちたいということであった。法律を知らない人の役に立つには、法律事務所（あるいは弁護士）の敷居を低くし、気安く相談や世間話ができる法律事務所（あるいは弁護士）作りを心がけなければならないだろうと考えてきた。

プロローグでも述べたように、私は「町医者」に対比する意味での「町弁」になりたいと希望して弁護士になり、独立して事務所を持ったのはそういう目的からだった。

風邪をひいてかかりつけの医院を訪れた患者が、医師に向かって世間話しをすることがあるだろうし、医師もそれに応えて病気以外の話しをすることもあるだろう。そのような患者からの話しかけや問いかけは、医師に対してだけではなく看護師や受付担当者に向かって行われることも少なくない。勿論、看護師や受付担当者も、時間が許す限り、患者からの話しかけに応えることができるよう努力することだろう。患者の自己治癒能力を高め病気を治すためには、患者の気分をほぐし、気力を充実させることも非常に大切なことなのである。

依頼者（事件当事者）にとっての弁護士もしくは法律事務所は、患者にとってのかかりつけの医師と同じく、気楽に相談でき、気持ちのモヤモヤを吐きだすことができ、弁護士に依頼することにより、或いは紛争の解決をみることができることにより、さあこれからまた頑張るぞと思うような手助けができる存在となる必要があると思われる。

近年、弁護士論が多く語られるようになり、それと共に、パラリーガル論も論じられているようであるが、私は、今なされているそれら一連の議論が、私が目的としたものと異なるのではないとの疑問を持っている。それらの議論は、司法試験制度改革後の弁護士業務についてどのように考えるべきかという弁護士のための（生き残りのための）議論であったり、民事訴訟法改正により五月雨式審理が集中審理へと変化している中でいかに迅速に法律事務を処理するかという法律事務所あるいは裁判所のための議論ではなかろうか。そして、ここでは最も大切なはずの、紛争当事者である依頼者の立場が後へ追いやられてしまっていると思われる。紛争の結果としての勝ち敗けは、紛争当時にとって重要な意味を持つことは当然である。しかし私は、紛争を通じて依頼者の自己紛争処理能力とでもいうべき能力を高め、依頼者の自立を支援するための法律事務所はどうあるべきかという観点からの議論が忘れ去られているような気がしてならない。

第7章　委任契約締結から信頼関係の構築へ

弁護士とは、法律や法的手続の専門家であり、依頼者から依頼者自身が抱えたトラブルの法的処理を依頼され、報酬を得ている職業である。その依頼者（委任者）と弁護士（受任者）との間の法律関係は一般に委任契約と解されている（民法六四三条）。弁護士が依頼者から依頼された事務処理を善良なる管理者の注意をもって処理するにつき（民法六四四条）、委任契約に反しなければよしとするのであれば、弁護士に求められているのは法的知識と技術で足りるかもしれない。しかし、弁護士が委任事項の法律的事務処理を行う上で重要な法的判断に是非とも必要な「事実」をより正確に発見するためには、そして何より依頼者が事件の渦と混乱の中から立ち直って自立した日常生活を取り戻す手助けをするためには、弁護士と依頼者との間に信頼関係を構築する必要がある。

まず事実発見についてであるが、依頼者は自分自身の頭の中で様々な計算をし考えをめぐらして、弁護士に話した方が良い事実・話す必要がないと判断している事実・隠しておこうと考えている事実などを峻別しがちである。例えば、弁護士が法的判断をする上で重要だと考える事実と、事件当事者が重要だと考える事実は必ずしも一致していないが、そのことに依頼者は気づいていないことが多い。ことに、依頼者が自分に不利だと考えている事柄については弁護士にも話したがらないものである。そこで、弁護士は、依頼者が依頼者自身の判断で弁護士に話をする内容を峻別してしまうことがないよう、どんなことを話しても不利にはならないという依頼者からの信頼を得る必要がある。そうでないと、紛争の全体像が見えず、弁護士の判断をも狂わせることになりかねない。

また、精神的にも追いつめられている依頼者の場合は、先ず依頼者の抱える不安を取り除くことから始めなければならない。依頼者の不安（ヤミ金融業者に追われているとか、差し押さえを受けて混乱してしまっているとか）を弁護士が責任を持って解決してくれるという安心を依頼者が持たない限り、必要な事実は依頼者から得られない。例えば、ヤミ金融業者の取立に不安と恐怖を抱いて法律事務所を訪れた依頼者については、弁護士は依頼者の目の前で、ヤミ金融業者と怒鳴りあってでも依頼者を守るという意思を明確にする必要がある場合もある。依頼者は、弁護士がヤミ金融業者からの防波堤になってくれると安堵することにより、ヤミ金融業者からの不安と恐怖から解放され、弁護士の事務処理に必要な事実の聴取に入っていけることになる。ヤミ金融業者だということで、腰が引けている姿を依頼者に見せれば、依頼者の不安や恐怖が取り除けないことは勿論、信頼を得ることもできない。

さらに、私は、弁護士と依頼者との信頼関係構築のためには、弁護士とリーガルコーディネーター・秘書・事務職員との間の信頼関係を普段から確かなものとして確立しておく必要があると考えている。従って、私は、例えば昼食の時間を利用しながら楽しい雑談話に花を咲かせる。失敗談や子供の頃の楽しかった話などをしながら、皆の興味の対象を聞いたりする。みんなが笑い出しそうな話題を中心に選ぶが、時には、自分自身の生き方・考え方を話したりする場合もある。そして、現在扱っている事件の進捗状況を話し合ったり、これからの進行方法につき全員で協議したりすることを心がけている。

第8章　弁護士と依頼者との相互理解

依頼者と弁護士との委任契約は、依頼者のトラブルを法的に処理するという大枠での契約であり、その方法は多様に考えられる。弁護士は、各依頼者に最適と思われる処理方法を選択するわけであるが、その選択が依頼者が本当に望むものと異なる結果となる場合も不幸にして少なくないと言える。世の中の紛争は、全ての依頼者が一円でも多くの財産を獲得したいと望んで生じているものではない。相手の態度があまりにも非常識であるため、相手に非礼を詫びて欲しいと望んでいる依頼者もある。すなわち、依頼者の求めるもの（委任の本旨）は多種多様であるといえる。弁護士は多種多様な依頼者の希望を謙虚に受け止めることは勿論であるが、依頼者が弁護士を信頼し、安心して依頼者が希望するものが何であるのかを話せるよう心を開いて受け止めなければならない。依頼者と弁護士の価値観・人生観などが一致する場合は、相互に信頼関係を築くことは割と容易であるといえよう。そのような依頼者と巡り会ったときには、紛争の解決過程の中で、依頼者と弁護士との間に旧知の間柄のような信頼関係ができあがる。そういう信頼関係が築きあげられると、紛争処理に向けての方針、それに至る手順など細かな部分についても依頼者の理解が得られ、最終手段を迎えるころには、依頼者は当初の紛争から解き放たれ、余裕を持って自ら歩みだしていると感じることができるようになる。これが私の目指すものである。

しかし、依頼者と弁護士はいつも同じ価値観や人生観を持った人と会えるものではない。そのような場合、弁護士は、依頼者のため、委任の本旨に従った事務処理を誠実に行い、そのことを通じて依頼者の信頼を獲得していくという基本を地道に続けることになるだろう。地道にかつ誠実に委任の本旨に従った事務処理を続けていくことによって（依頼者と話し合いを続けていくことによって）信頼関係が築かれていく。そして、その過程で、依頼者が自ら心の整理をつけ、自分なりの解決ができるよう、弁護士が支援することになる。ところが、男性の弁護士である私は、女性である依頼者との感性の微妙な違いを、すなわち、依頼者の委任の本旨を微妙にズレて受け止めている場合があるようである（女性であるリーガルコーディネーターの意見）。勿論、離婚の相談に訪れた女性の依頼者に相続の説明をするなどという取り違えやズレのことを言っているのではない。男性である私が、夫と離婚をし子供の養育をしながら経済的には勿論、精神的にも自立して生活して行きたいと希望する依頼者（女性）の感情や不安などについて、自信を持って理解しているとは言い難いのである。

第9章　リーガルコーディネーターの必要性

一　法律事務所のムードメーカー

以上述べてきたように、弁護士と依頼者とが共に信頼し合い理解し合わなければ、弁護士は依頼者の委任の本旨に従った事務処理は勿論、依頼者の自立支援をすることはできない。そのような視点から法律事務所と依頼者との関係を考えた場合、弁護士だけの能力や限られた時間で、依頼者との充分な関係構築をしていくことは極めて難しい。

先にも述べたように、多くの依頼者は、弁護士もしくは法律事務所に対し、「こわい」「近づきたくない」「話しづらい」「緊張を強いられる」「どこまで話してよいのか分からない」「こんなことを聞いたら馬鹿にされるのではなかろうか」等々、紛争を処理するのとはむしろ反対の、様々な負のイメージを持っているからである。長い間にできあがったこのようなイメージは、個々の弁護士の力で簡単に変えられるものではない。そこで、私は、困難な問題を抱えて法律事務所にやってきた依頼者の、弁護士もしくは法律事務所に対する固いイメージを払拭し、依頼者が話しをし易くする何らかの方法が必要であると考えた。私自身、法律事務所の雰囲気をアットホームな、依頼者が緊張を少なくできる状況作りに気を配るようにした。しかし、私一人だけでは法律事務所の雰囲気作りは困難である。そこで、私が考えたリーガルコーディネーターの大きな役割の一つは、私や他の秘書あるいは事務職員と一緒になり、場合によっては先導して、法律事務所において、アットホームな依頼者が話しやすいイメージ作りをすることにある。暑い日には冷たいお茶を出し、依頼者の年齢や立場に合わせた挨拶をし、簡単な言葉がけをするだけで、依頼者の気持ちは随分とほぐれるものである。

「事務所の場所はすぐにお分かりになりましたか？」

「今日は急に暑くなりましたねえ。こんなに急に天気が変わると体にこたえますよね。」

「山本商事の鈴木さんのご紹介でしたね、鈴木さんはお元気でいらっしゃいますか？」

話す内容は何でもよい。法律事務所に入ってきた途端に、六法や法律書が並んだ会議室に通され、スーツ姿の初対面の弁護士が、仮に右のような挨拶をしたとしても、依頼者の気持ちが直ちに和むものではない。弁護士が直接対座するのと、その前にリーガルコーディネーターがほんの僅かな時間雑談をしてから弁護士が会議室に入室するのとでは、明らかに依頼者の表情が異なるのを私は実験的に知っている。

また、色々な依頼者がいて（勿論、弁護士にも色々な人間がいるが）、必ずしも弁護士と依頼者とがすぐにうち解けられるとは限らない。例えば、女性依頼者の場合には、男であり初対面である私に、どの程度まで話しをしてよいのか躊躇するケースがみられるが（私はそれすら気づかないことがあるが）、そのような場合に、女性のリーガルコーディネーターが同席していれば、リーガルコーディネーターの口から、依頼者の回答を導く（どの程度までの話しを要求しているのかについて回答を導く）ことができ、依頼者は話しやすくなるという。過去に、事件が終わろうとしている頃、ある女性の依頼者が私に話したところによれば、

「初めて事務所に伺う前には、先生にどの程度までの話しをしたらよいのか、すごく迷っていたんです。だって、本当のことを話さなければ私の気持ちを分かってもらえないでしょうし、そうかといってあんまりべらべら喋って、『そんなことまで言わなくたっていいんですよ』なんて言われちゃったら恥ずかしいでしょう……。だから、秘書の方が居てくださって、うまく聞いてくれたから、私はどんなに心強かったかしれませんよ。」

ということであった。

要するに、依頼者に相応しい雰囲気をつくり出し、依頼者が話しやすいように導くムードメーカーとしてのリーガルコーディネーターを、町弁としての私は必要としたのである。

二　依頼者の立場に立った「通訳」

日本語と同じように使われている外来語をあえて日本語に訳そうとすると大変困難なように、弁護士という職業が身に付いていると、すべての「弁護士語」（単なる法律用語ではなく長年の法律家としての経験や解釈も入った個々の弁護士独特の法律用語をこのように呼んでみよう）をすべて「一般用語」に置き換えるのは、難しかったり面倒だったりすることがある。本来、一人一人の依頼者と、世間話しでも交えながら、何時間もかけて、依頼者が納得するまでじっくりと話し合うことができれば、それが依頼者の信頼を得るための最も優れた方法なのだろう。そのことを充分に承知した上で、しかし、弁護士としての私には限られた時間しかない。多いときには一日に何度も裁判所に出かけ、何人もの人の訪問（相談）を受け、ひっきりなしに電話が入り、その合間に当番弁護士や弁護士会のクレサラ法律相談の担当もこなさなければならない。

そんな私が、全ての依頼者が理解できるような言葉を使って、全ての依頼者に向かって詳細に話しをすることはとても不可能である。そこで、私は、時として、リーガルコーディネーターに通訳としての役割を与える。リーガルコーディネーターが、自身の考えや判断を依頼者に伝えることは許されていないが、弁護士が判断した事柄をより分かりやすく重ねて説くのは非弁行為にはあたらない。

例えば、高齢の依頼者の場合など、何度も電話を架けてきて同じことを質問されることがある。また は、一度は私の説明に納得したにもかかわらず、忘れてしまったり、再び理解できなくなったとの理由から、繰り返し質問されることも少なくない。そのような場合に、リーガルコーディネーターの口から、個々の依頼者に分かり易いよう工夫を加えた言葉で説明を加えることは非常に有意義である(例えば年齢によっても言葉は異なるし、個々人の理解能力によって言葉を選ぶことも望ましい)。

通訳をするためには、両方の言語を理解していなければならないが、リーガルコーディネーターがそれほど多くの法的知識を必要とするわけではない。多くの依頼者が説明を望む「弁護士語」は限られたものであるし、私が依頼者と話しをしているときに同席しているリーガルコーディネーターが通訳をするためには、僅かながらも正確な法律知識があればそれだけで足りる。

依頼者が事件のこと・法的道筋のことなどをより的確に理解できるように、リーガルコーディネーターが努力しながら通訳行為を行うことは、信頼構築のためにも非常に有意義なのである。

三　優しい法律事務所

私は、人間味のある暖かい法律事務所を築きたいと考えていたし、今もそうであることを望んでいる。従って、依頼者が怒り狂って相手を訴えたいと相談に訪れたとしても、そのような方法が依頼者の利益にならないばかりか、訴えることによって依頼者自身がかえって大きな精神的苦痛を受けることになると考えたときは、率直に、相手を訴えることを辞めるように説得することもある。これまで、一般的な弁護士のイメージは、「優しい」というより「厳格」とか「こわい」というもののようである。私が初対面の依頼者に向かって、人間としての「優しさ」を前面に出そうとすれば、依頼者は、逆に、「この弁護士は、法律のことは分かっているのだろうか」と不安さえ感じることがあるようだ。そこで、私は、是非、人間としての優しさを持っている人をリーガルコーディネーターとして事務所に迎えたいと思うようになった。

社会に発生した紛争を法律という道具を使って裁判という枠内で処理しようとすると、ともすれば優しさを忘れがちである。私は、紛争を処理する枠を広げ道具を増やし、様々な感情を持ちドロドロとした関係の中で生きている人間に対し、本当の意味での優しさを忘れない法的処理をすることを目指したいと思っている。

第3部　自立支援の観点に立った具体的スキル

Ⅰで紹介したのは、リーガルコーディネーターの一つのモデルである。しかし、多様な形態の法律事務所において、様々な考え方の弁護士との協働を目指すリーガルコーディネーターはマニュアル化になじまない職業であるとも言え、「リーガルコーディネーター」としてその業務を一括りにして定型化することはできない。

そこで、Ⅱ第3部では、「紛争処理」「自立支援」の観点から見た、リーガルコーディネーターとしての具体的な心構えや必要な基本的知識などを抜き出し、各々に簡単な検討を加えてみようと思う。それらの業務内容や心構えのうち、いくつかのエッセンスを取り入れ、それをアレンジすることにより、それぞれの法律事務所や弁護士に相応しいリーガルコーディネーターの形へと展開させることは充分可能であると思われる。逆に言えば、法律事務職員が何気なく行っている「基本的な」「誰でもできる」と思われている業務でも、いや、「雑用」と呼ばれている業務にこそ、リーガルコーディネーターのエッセンスが豊富に詰まっており、紛争処理の要になっているのかもしれない。

また、リーガルコーディネーター業務の大切なキーワードの一つに、「工夫」がある。Ⅱ第3部で取り上げる業務内容は、リーガルコーディネーターの業務の一例であるが、対弁護士・対依頼者の関係を構築する上で、また具体的業務を組み立てる上での一つの参考として、各法律事務所に適合するような業務形態を、一人一人のリーガルコーディネーターが、独創的工夫を以て作りあげて欲しいと願っている。

第10章　弁護士への対応

一　弁護士の基本的考え方を知る

法律の解釈自体は、日本中でほぼ統一されており、それほど突飛な解釈は存在しない。しかし、その法律を運用する弁護士の考え方は実に多種多様である。したがって、弁護士との協働を目指すリーガルコーディネーターは、先ず、協働する弁護士の基本的考え方を正確に理解すべきである。

真っ先に知るべきは、弁護士が、リーガルコーディネーターとどの程度の範囲で協働しようと考えているのかを把握することである。I で示した例においては、弁護士が、各事件毎に、リーガルコーディネーターと話し合いの機会を持ち、各事件のどの程度の範囲で仕事を分担するのかを決めており、また、その際に、弁護士がその事件の進行についてどのような考え方(展望)を持っているのかについても、リーガルコーディネーターに説明するという作業を行っている。リーガルコーディネーターは、弁護士と共に、いくつかの事件をこなしているうちに、弁護士からの事細かな指示がなくても、弁護士がリーガルコーディネーターの役割分担に関しどのような基本的考え方を持っているかを知ることができるようになるだろう。

次に、事件の進行等に関する弁護士の総体的・基本的考え方を学ぶ必要がある。弁護士によって、交渉を得意とし気長に交渉で粘るタイプの弁護士と形だけの交渉後ただちに訴訟に移行するタイプの弁護士、書面提出などについてはきちんと期限を守るタイプの弁護士と期限を守らず期日当日に提出することを何とも思わないようなタイプの弁護士、書面の内容についてほぼ要件事実・法的主張のみを記載する弁護士と周辺事実や事情などについても比較的細かく盛り込んで記載する弁護士、訴訟になってからも相手方代理人弁護士と比較的友好的につきあうタイプの弁護士と一旦訴訟になったら裁判官や相手方代理人弁護士の悪口まで自分の依頼者に言うようなタイプの弁護士など様々であるが、リーガルコーディネーターは、自分の上司である弁護士が紛争に取り組む基本的姿勢を知っておく必要がある。リーガルコーディネーターが通常の事件における弁護士の基本的姿勢を知っていれば、新件（新しく受任した事件）における依頼者との第一回目の打ち合わせの時から、要件事実（法律的主張）以外に依頼者から何をどの程度聴いておく必要があるか、依頼者と話しをする際どのようなトーンで話しをすれば弁護士の意図に沿うことができるかなど、リーガルコーディネーターの業務遂行上の指針が明らかになり、大変便利である。

また、依頼者の言い分が通らないだろうと考えられる事件を依頼された際に、弁護士がどのように対応するのかを知っておくことも大切である。言い分が通らないであろうことを丁寧に説明し説得する弁護士、言い分が通らないであろうことを説明した上でそれでも依頼者が提訴を望むのであれば一定の範囲で受任する弁護士、「ああ、そうですか、うんうん、大変ですねえ」などと同調し受任してしまう弁護士、着手金が多くもらえそうな事件なら引き受ける弁護士、このような敗訴可能性の高い事件に関する弁護士の基本的考え方も普段から学びとっておく必要があろう。

そのほかに、通常の会話からわかるのであれば、弁護士の政治的思想・宗教・憲法解釈論などについても認知しているほうが望ましい。

二　弁護士の性格や好みを知る

「自由と正義」を旗印に掲げる弁護士ではあるが、性格や好みは個別固有のものである。したがって、弁護士とのスムースな協働を目指すのであれば、その性格や好みを知っておくことが重要である。例えば、弁護士が何を最も大切だと考えているのか（依頼者の自立支援を大切だと思っているのか、人間対人間の心の問題を大切と考えているのか、訴訟の勝敗のみを大切だと考えているのか、金銭的なものを大切だと考えているのか、弁護士自身の名誉・名声を大切だと考えているのか等々）、どのような依頼者の仕事をしたいと感じているのか（紛争の渦の中に飲み込まれ方向性を失っている依頼者なのか、法律のことが分からないため損をしている依頼者なのか、特に決まった分野の問題を抱えている依頼者なのか、有名人と呼ばれる依頼者なのか、富裕層の依頼者なのか等々）、何に対して怒りや嫌悪を感じるのか（狡猾な人、嘘つきな人、お金だけで動く人、不条理な出来事、お金や能力のない人等々）、何に喜びを感じているのか（依頼者の自立支援ができたことなのか、依頼者の相談に乗ることにより依頼者の気持ちを軽くしてあげられたことなのか、訴訟で勝訴したことなのか、依頼者から報酬をもらえたことなのか、テレビや雑誌などのマスコミに登場できたことなのか等々）、その他固有の性格や好み（おおらか、几帳面、杜撰、慎重、神経質、明朗、気分屋、怒りっぽい、派手好き、地味好み、素直、正直、ひねくれている、日本茶が好き、コーヒーが好き、和食が好き、フランス料理が好き、タバコが嫌い、お酒が好き、その他等々）を知ることができれば、弁護士がどのような方向から依頼者の自立支援をしようとしているのか、もしくは、しようとしていないのかを知ることができるだけでなく、リーガルコーディネーターとして、何に気を遣って仕事をすれば、上司であり協働者である弁護士を満足させられるのかを知ることができるのである。

三　事務所内の雰囲気づくり

以上述べたような、弁護士の基本的考え方と固有の性格や好みを把握していれば、リーガルコーディネーターとしての依頼者への接し方や業務方針を決定することができ、自ずと、事務所内の雰囲気をどのようなものにすれば弁護士の希望にかなったものになるのかを知ることができる。いつも事務所内が整然としていないと気がすまない弁護士がいる一方、机の周辺一帯に書類が散らばっているほうが仕事をする意欲が湧いてくるという弁護士もいる。また、溌剌とした活気ある雰囲気の事務所が好きな弁護士がいる一方、シーンと静まり返った事務所が好きな弁護士もいる。更に庶民的雰囲気を大切にする弁護士がいる一方、高価な調度品や一流のビルで仕事をすることに誇りを感じている弁護士もいる。

弁護士によって、どのような空間がくつろげる空間であるかは様々であるが、弁護士にとって心地よい事務所であり、弁護士が気持ちよく仕事をできなければ、依頼者にとっても居心地の良い法律事務所ではありえない。

ただし、依頼者と面談する相談室(会議室)は、悩みや不安を抱えた依頼者が少しでも容易く気持ちを開くことができるよう、弁護士の好みを取り入れた上で、更に一般的感覚を取り入れ、絵や花を飾ったりするなど依頼者がくつろげる空間作りを目指したい。法律事務所の相談室には、六法全書に加え、本棚には最高裁判例集をはじめとした弁護士自身も実はそれほど頻繁に使うわけではない書物の類が並べられているケースが多い。これらは、初めて法律事務所の門を叩いた依頼者にとっては、おそらく脅威にすら感じられるであろう。そこで、それら脅威を少しでも和らげる演出が必要なのである。弁護士にとっても、依頼者にとっても、共に居心地良い雰囲気の事務所づくりをするよう心がけたい。

四　基本的法律知識を持つ

弁護士と依頼者との間に立ち、その調整役・橋渡し役、つまり両者の通訳的役割を演ずるのがリーガルコーディネーターであるから、基礎的な法律知識は是非とも持たなくてはならない。日常的に使用する法律用語の理解、判例・文献検索の際に必要な（浅くてよいが）幅広い全般的法知識、それぞれの訴訟手続に関する正確な理解、弁護士が得意とする（多く扱っている）分野の最近の判例の動向などは、是非とも学んでおきたい。法律事務所の特色により異なるが、ごく一般的な小規模一般法律事務所のリーガルコーディネーターが必要とする法律知識を具体的に示すとすれば、①六法（模範六法や判例六法程度が使いやすいようである）を必要に応じてすぐに引くことができ条文の理解ができること、②基本的・初歩的な条文の解釈ができること、③基本的法律用語を理解し素人に分かり易く説明ができること、④裁判手続の順序や意味を理解し素人に分かり易く説明ができること、⑤現在係属中の（事務所で扱っている）事件について事実関係や進行状況を充分理解し関係する条文や判例を理解していること、⑥期日において裁判官や相手方代理人弁護士が話している内容が理解できそれを素人に分かり易く説明できること、⑦分からないことでも弁護士の指示により調べられ活用できる能力を持ち合わせていること、⑧判例百選や重要判例解説等に掲載されている事件程度は理解していること、などであろう。

いわゆる、パラリーガル論で論じられているような、もしくは弁護士会で法律事務職員のために講習がなされているような、そして最近では多くのテキストが出版されているような法律事務実務に関しては、もちろん知っている方が望ましいが、本書で論じているリーガルコーディネーターにおいては、先に述べた知識に次ぐ程度の重要度である。まして、それら法律事務実務に関しては、優れた教材が数多く出回っており、必要であればそのような教材（書式集）を見ながら仕事をこなすことができるし、法律事務所で働いていれば、日常的な慣れで自然と習熟してくるものである。

五　期日への立会

リーガルコーディネーターは、担当している事件の全ての期日に立ち会うことが望ましい。弁論期日は勿論のこと、弁論準備手続期日、（実務ではあまり用いられていないが）準備的口頭弁論手続期日、和解手続期日への立ち会いを行う。調停の場合には、リーガルコーディネーターの直接的な立ち会いは認められないが、調停から裁判に移行することもあるため、裁判所が遠隔地であったり多忙を極めたりする場合以外は弁護士に同行し、調停室から出てきたばかりの弁護士や当事者の生の声を聞き、記録を取り事件の流れを知っておくことが重要である。

リーガルコーディネーターが期日に立ち会うことは次のような意味を持つ。すなわち、第一に、法廷や準備室で相手方や裁判官と口頭でのやりとりをしている弁護士に代わって進行に関する詳細なメモを取る。(21) 依頼者が期日に同行している場合でも、依頼者が期日の内容を理解できないことが多いので、リーガルコーディネーターが説明（いわゆる通訳）をすることが必要な場合があるし、ましてや依頼者が出席していない場合には、期日終了後に依頼者宛の「期日報告書」を作成するために期日メモは不可欠である。期日終了後、弁護士から「あの時、裁判官はどういう言い回しをしたっけねえ。」

などと言葉のニュアンスを問われることもあり、期日における細かな雰囲気を思い出すことにより、弁護士が今後の見通しを立てるために利用することなどもあるようである。

第二に、期日における進行予定を記録し、把握する。次回期日はいつなのか、次回期日までに準備すべきことは何なのか、次回期日のための書面ではどのような内容を主張しいつまでに提出すべきなのか等々を間違いのないようメモをとり、弁護士のスケジューリングに役立て、また、準備が遅れないよう管理をする。リーガルコーディネーターの手元にある弁護士のスケジュールノートに、次回期日を（裁判所・事件番号・当事者名・法廷なども含めて）書き込むが、その際、書面提出期限も併せて記入しておくと大変便利である。(22)

六　期日間の準備

期日が終了したら、まず、期日メモの整理を行う。期日メモは、記号化して記載してあるだけでなく殴り書きのような状態になっている場合が多いので、時間が経つと何のことか分からなくなってしまうことがある。そこで、記憶が鮮明なうちにノートに補正・加筆を加える。

次に、依頼者のための期日報告書を作成するが、内容については第12章・**四**・期日報告書の作成と送付の項で詳述する。

第三に、弁護士との間で、次回期日までにしなくてはならないことについての確認をし、そのうちリーガルコーディネーターがするべき仕事について、弁護士の指示を仰ぎ実行に移す。準備書面の起案・書証の準備・証拠説明書の起案などのうち、複雑な法律構成のものや難解な法的主張が必要なものについては、弁護士が単独で行うが、簡易な事件については、弁護士の指示の下、リーガルコーディネーターが様々な起案等を行う。また、依頼者から詳細な事情や気持ちを聞く必要がある場合、陳述書を書く必要がある場合など、いわゆる周辺事実や事情などに関する聴き取りは、リーガルコーディネーターが受け持つケースが多い(23)。

法律分野以外の文献検索なども多くはリーガルコーディネーターが行う。例えば、医療過誤訴訟や交通事故の後遺症をめぐる訴訟、更に建築紛争などは法律以外の専門知識が必要である。文献やカルテ・設計図書等を読み込んだり専門家に聞き取りを行うなどの作業に数日もしくは数週間を要することも少なくない。弁護士自身は、法律以外の知識に関しては簡単な文献から知識を得ているケースが多いが、必要であればリーガルコーディネーターがより専門的な文献類を読み、正確に理解した上で、弁護士の知識を補充したり、解説のための簡単な解説書（レジュメ）のようなものを作成する。図示したものやレジュメのようなものを作成しておくと、裁判の資料としてそのまま使えることもあり便利である。医療過誤訴訟や建築紛争などは、弁護士にとり非常な負担となることが多いが、法律知識を必要としない主張整理等が作業の多くの部分を占めるため、むしろリーガルコーディネーターの得意とする分野と言えるかもしれない。また、法律以外の専門知識が必要な訴訟の場合は、訴訟を提起する以前に依頼者本人が様々な文献や判例を学んでいるのが常であり、客観的で公平な知識を得ることに対する注意は必要であるが、充分注意をした上で依頼者本人の力を借りることもあってよいだろう。

七　仕事の完成度と能率を上げる

法律事務所におけるすべての仕事は、正確かつ完成度の高さが求められる。どのような人でも、自分自身で何かを作り上げることは困難であるが、他人の作ったものに手を加えるのは(それがたとえ弁護士に比べ能力が低いリーガルコーディネーターにとってさえも)比較的安易である。そこで、弁護士とリーガルコーディネーターとが協働して一つの書面をつくりあげれば、より正確で完成度の高いものができあがる。例えば、リーガルコーディネーターが起案した書面に対し弁護士が法解釈論などを補充し、更にその書面にリーガルコーディネーターが目を通してより分かりやすい文章になるよう工夫し、完成版として提出できると考えられるものを再度弁護士に見てもらう。難解な法律構成が必要な事件の場合には、その反対に、まず弁護士が起案し、リーガルコーディネーターが主に誤字・脱字・分かりやすさなどの観点から手を入れ、最終的に弁護士が点検する。このように交互に手を入れることにより、第三者にとって分かり易く誤解を招きにくい正確な書面ができあがるのである。(24)

能率の面からは、なすべき事務処理の全てを書き込んだノートを作成し、事務所内の誰でも見られる場所に置いておくとよい。ノートの内容を具体的に示せば、①事務処理の指示日、②事件番号・当事者名、③事務処理内容、④締切日、⑤完成日、⑥処理者などを記入できる表を作成する。①②④⑤については説明を省くが、③には「指示する事項の内容（例えば、山田花子氏戸籍謄本一通取り寄せ、債務者鈴木太郎氏の債権者Aに対する債務額確定計算、債権者森下次郎氏が債務者中野光子に有する債権で第三債務者であるB銀行C支店の預金口座の差押準備、内容証明起案、準備書面起案、訴状起案、証拠説明書起案、証拠申出書起案など）」、⑥には準備や作成を始めた時点で、その作業を進めている者の氏名を記載し、完成後に印を押すようにする。以上のようなノートを、事務所内の誰でも閲覧することができる場所に置いておけば、手の空いた者が、自分のできる範囲の仕事に直ちに着手することができるし、弁護士はそのノートを見ることにより作業の進捗状況を知ることができる。このようにしておけば、事件数が多くなると共に作業量が増えても、いちいち仕事を振り分ける必要がなく、時間の無駄も生じない。更に、作業の漏れや遅れを防ぐことができる。このノートの①②③は、リーガルコーディネーターが弁護士と打ち合わせをしながら記入をしたり、期日終了後に自身の判断で記入するようにするとよい。

（21）　要点のみをまとめてメモをとることができる自信があればそれでもよいが、口頭でのやりとりの要点を頭の中でまとめ、順序よくメモとることは難しい。そこで、口頭でのやりとりをできる限りすべて忠実に書き残すことをしておくこと、後になって、期日における雰囲気まで伝わってくるようなメモが残ることになる。自分自身にしか理解できないもので構わないので、そのような期日ノートを作成することを薦める。慣れてくればそれほど難しくない。記号のような簡略化したものを多用すると便利である（例えば、裁判官はサ、原告代理人はゲ、原告本人はゲホなど自分で決めてさえおけば何でもよい）。必ず、ノートに書き残すことが大切であり、通常のメモ用紙に書き残すと紛失する可能性がある。

(22)　多くの事件を抱えた多忙な弁護士に代わり、書面提出期限等を把握しておき、仮に期限間近になっても準備が終わっていないようなら、弁護士に指示を仰ぐことも必要と思われる。なぜなら、迅速な訴訟進行のため、更に相手方代理人や裁判所との信頼感関係を築くためには、約束事を守ることが是非とも必要と思われるからである。

(23)　多くの場合は、依頼者に来所してもらい、まず弁護士が依頼者に対し来所してもらった趣旨を説明する。そして、次に時間をかけてリーガルコーディネーターが、依頼者から事情の聴き取りを行う。最後に、再度弁護士が同席し、リーガルコーディネーターから概要の説明を受け、不足している部分があれば補う。依頼者は、何か質問があれば、その場で弁護士に直接質問することもできるし、弁護士に話しにくいことであれば（例えば、異性には話しにくい内容など）リーガルコーディネーターに質問することもできる。このような機会に、それまで分からなかったような依頼者の本音や事実が垣間見られることがある。

(24)　同じ弁護士の下で一定期間働いていると、その弁護士の文章の癖（好み）が分かるようになり、弁護士と同じ様なタッチの文章を書くことができるようになる（もっと正確に言えば、弁護士が好むような文体の文章を書くことができるよう、リーガルコーディネーターは努力しなくてはいけない）。また、弁護士は法律の専門化であるから、法的主張に関して弁護士の意見を尊重することはいうまでもないが、それ以外の言い回し等に関しては、両者の目に触れることにより、分かり易く修正される可能性が多々あるし、弁護士でも勘違いや思い違いはあるので、リーガルコーディネーターが修正する余地はある。

第11章　弁護士と依頼者への対応

一　約束（時間）を守る

(1)　リーガルコーディネーターとして、弁護士と依頼者の双方から信頼を得るために最も大切なことは、約束を守ることであろう。弁護士にとって、頻繁に遅刻をしたり、期日の時間に遅れたり、書面の期限[25]が守れないリーガルコーディネーターは非常に使いにくい。簡単なようであるが、時間や期限には遅れないというのが大切な基本である[26]。

また、訴訟になった場合もそうでない場合も、依頼者に対して進行予定について通知をしてあるが、依頼者は、交渉はどのように進展したのか、もしくは、期日で何がなされたのか、不安を感じながら法律事務所からの連絡を待っている。事件を受任した時点で、依頼者に、交渉進展と共にもしくは期日終了後直ちに、期日報告書（交渉経過報告書）を作成し送付することを伝えておき、その約束は厳重に守るようにする。もし、期日報告書作成が遅れるようであれば、依頼者に電話連絡等をしておくらいの心遣いを忘れてはならない。

(2)　数多くの弁護士の中には、「弁護士が中心に位置し、周りの依頼者を動かしている」というような感覚を持ち、弁護士の時間は貴重なものであるが、依頼者の時間についてはそれほど気にかけないというタイプの弁護士も存在する。しかし、依頼者も大切な時間を費やして相談にやってきているのであるから、弁護士も依頼者の時間を大切にしているということを依頼者に対して示す必要があるだろう。(27)

ちなみに、弁護士が時間を守れなくなるのはやむを得ない事情に起因していることが多い（もっとも、依頼者側から言えば、依頼者側も同様だろうが）。例えば、裁判所の期日が長引いたり、突然急な相談の電話がかかってきて時間がかかったり、アポイントもなく血相を変えて飛び込んでくる相談者がいたりなど様々であるが、仮に、弁護士が依頼者との約束の時間を守れなくなるようであれば、リーガルコーディネーターが弁護士に代わって先に相談室に入り、依頼者に事情を伝えた上で、事務連絡をしたり、（法的内容ではない）手続進行上の質問を受けたり、時には依頼者が弁護士には話しにくいと感じている内容(28)をリーガルコーディネーターが代わって聴いたりするようにする。(29)そのようにして、取りあえず、約束の時間から話し合いを始めることができれば、依頼者の信頼を損なうことも少ないし、雑談と思える話しの中から、思いもかけない依頼者の本音を知ることもある。また、後から打ち合わせに加わった弁護士に、それまでの間に依頼者とリーガルコーディネーターとの間で話しをした内容の要点を伝えることができ、弁護士の時間節約にもつながる。

二　守秘義務

弁護士の守秘義務について法律上の規定はあるが、法律事務所に勤務するそれ以外の職員については何ら守秘義務に関する規定がない。しかし、法律事務所に勤務すれば、ましてリーガルコーディネーターのような職務につけば、弁護士と同程度に依頼者の秘密を知りうる立場にある。したがって、守秘義務の遵守については、充分に注意を払う必要がある。

リーガルコーディネーターが、故意に、依頼者に不利になるような重大な秘密を外部に漏らすことは考えがたいとしても、ついうっかり守秘義務に反する行為をとるということは考えられる。例えば、弁護士が依頼者と打ち合わせをしている際に（つまり、第三者が事務所にいる席で）、他の依頼者に対し大きな声で電話応対したり他の依頼者からかかってきた電話を口頭で弁護士に取り次いでしまったりすることも、厳密にいえばリーガルコーディネーターとしての守秘義務に反する。また、書面類の破棄の仕方も、他人の目に触れないよう充分気を配らねばならない。更に、事務所の同僚同士で外食をする際の話題についても、生の事件についてては話しをしないようにするなどの注意が必要である。(30)

三　電話のかけ方と受け方

(1)　電話は、互いの顔が見えない状態で会話をするという点で特殊である。基本は、明朗なはっきりした声で語尾までしっかりと発音することにあろう。紛争の進行についての一般的知識がない依頼者にとっては、語尾までしっかり話さないと理解しにくい（聞き取りにくい）し、相談者や依頼者は不安な暗い気持ちで電話をかけてくることが多いので、法律事務所に対して、心強さを感じ、少しでも信頼できそうだと感じてもらえるような応対を心がけたい。

「電話番」という言葉があり、「あまり能力はないが電話の取り次ぎぐらいならできる人」というような意味に使われているようでり、あたかも電話の応対は簡単なことのように捉えられているが、それは大きな間違いである。電話の応対こそ、法律事務所においては非常に大切であって難しい仕事である。本来なら、ある程度業務に精通するまでは電話での応対はしない方が好ましいが、小規模な事務所だとそうも言っていられないので、相手から言われたことを復唱し、もし聞き取れないことがあれば恥ずかしがらずに聞き直すなどして、相手からの言葉を正確に聴き取ることが必要である。

裁判所からの電話(31)は、慣れないうちは、正しくメモをとるだけで難しく感じるだろうし、書記官が内容にまで立ち入った話しをすることもあるため、ある程度、法律用語等を理解していないと、弁護士に正しい内容を伝えられない。もし分からないことがあれば、書記官に何度でも聞き直す勇気が必要である。

また、係属中の事件の依頼者から電話があった場合、事件に着手したばかりの頃は、ほとんどの依頼者が迷わず「先生いらっしゃいますか」と問う。そのような場合、すぐに弁護士に代わるのではなく、「どのようなご用件ですか」と必ず尋ねることを行う。それには二つの理由があるが、一つは、依頼者の質問が非常に簡単で事務的なことのみで多忙な弁護士の手を煩わせるまでもない場合があるためである。例えば、「委任状に押す印鑑は実印じゃなくてはいけないのですか」「住民票謄本をとるように言われたのですが、住民票の謄本って何ですか」などというような程度の質問の場合には、リーガルコーディネーター限りで回答をし、「それだけでよろしいですか、他にご質問がありますか」などと答えて、依頼者がそれだけで良いといえば、弁護士に電話を取り次がずに済むことになる。このようにすることにより、弁護士の負担が軽減するし、依頼者は、簡単なことならリーガルコーディネーターに尋ねればよいのだということを認識する。もう一つの理由は、依頼者が弁護士に直接質問する必要があるような内容の質問だった場合にも、リーガルコーディネーターが質問を受けておけば、それを整理して弁護士に伝えることにより弁護士は時間の節約ができるし、(32) リーガルコーディネーターは依頼者がどのような点を不明だと感じているのかを知ることができ、リーガルコーディネーターが何に気を配って依頼者と話しをすればよいのかなどについて明確になり、業務進行の指針になる。

(2)　一度も会ったことのない相談者から電話があった場合、まず紹介者があるか否か、紹介者がいなかったとしたらどのような方法や理由で法律事務所を選びだし電話をかけてきたのかを尋ねる(33)。次に、リーガルコーディネーターの立場を説明し（多くの場合は、職種を分かり易くし依頼者の緊張を解くため、訴訟を担当している弁護士秘書であると表現している）、おおよそ、どのような相談をしたいのかを尋ねる。その段階で、相談者が、「秘書とは話したくない、弁護士と直接話しをしたい」と述べれば、無理に何かを聞き出そうとせずに、すぐに弁護士に代わる。しかし、相談者が、抵抗なくリーガルコーディネーターに話しをするようであれば、①何に困っていてどうしたいと思って電話をしてきたのかを簡単に聞いた後、②相談者が述べた相談内容に関して分からない点があれば質問し、③緊急性に応じて面談の日時を決め(34)、④面談のために来所する際持参して欲しいものがあれば指示をする。その際に、相談者が大層心細がっているようであったり、不安がっているようであれば、それらの苦痛を少しでも取り除くような助言をし(35)、さらに困ったことや心配事が発生した場合には、いつでも電話をしてよいということを伝える。

(3)　相談者もしくは依頼者から受けた電話の内容について弁護士に伝言をする際には、正確な内容を伝える必要がある。内容が紛争や訴訟の中身にまで及ぶ場合には、単なる伝言であったとしても必ずメモを添えて弁護士に伝えるようにする。相談者や依頼者は、事実と自分自身の気持ちや事情とを一緒にして話しをする場合が多い。したがって、リーガルコーディネーターが電話をしながらメモをした内容を、リーガルコーディネーター自身で整理し、メモを作成し弁護士に伝えるようにする。その際には、訴訟になった場合を考え、要件事実に該当すると考えられる事実を初めに書き、次に間接事実・周辺事実・事情・などの順に書き進めるとよい[36]。手続の進行方法に関する当事者の希望は、紛争処理をするうえで非常に重要なことであるため、事実とは別の用紙に記入し、ファイルをしておくとよい。

四　身だしなみと態度・表情

(1)　法律事務所におけるリーガルコーディネーターの身だしなみ等は、依頼者への説得力につながる。弁護士がスーツを身にまといネクタイを着用しているのも説得力の一つの要素であるように[37]、リーガルコーディネーターも仕事の内容に相応しい身だしなみを心がけるべきである。ある程度の年齢と経験を積んだリーガルコーディネーターの場合は、服装に関係なくそれなりの説得力を持っているケースもあると思われるが、若いリーガルコーディネーターの場合には、特に服装に留意し、いわゆるリクルートスーツのようなファッションが好ましいと思われる。

(2)　依頼者の面前で、弁護士とリーガルコーディネーターとが話しをする場合には、弁護士の思い違い・勘違いなどを、リーガルコーディネーターが明らさまに指摘してはならない（法律判断や判例解釈については、リーガルコーディネーターの考えがどうであるかと関係なく弁護士の考えが優先されることはいうまでもないが、弁護士が事実関係について多少の思い違いや勘違いをすることはあり得る）。ごく簡単な名前の言い間違い・日時の言い間違い・数字の言い間違いなどについては、依頼者の混乱を避けるため、その場で訂正を加えておく必要があるが、それ以上の内容について弁護士が勘違いをしているような場合に、その場で指摘をすると、依頼者の弁護士に対する信頼感が損なわれる可能性がある。リーガルコーディネーターは、依頼者の前で、依頼者が弁護士の知識や思考方法に不安を抱くような言動を慎むよう、充分な注意が必要である。弁護士が依頼者に及ぼす説得力と、依頼者の弁護士に対する信頼感を深めるためである。

(3)　弁護士との話し合いの場において、リーガルコーディネーターは、依頼者から聞き取った事実や希望を正確に伝える必要がある。また、弁護士とリーガルコーディネーターとの協働のメリットを発揮するためには、リーガルコーディネーターが調査した事実や自分自身の意見[38]を、弁護士に対し充分に発表すべきである。判例解釈等に関しては、リーガルコーディネーター自身の意見を述べるのではなく、多くの判例評釈や論文を読み込み、その結果を整理して弁護士に伝えるのであるから、臆せず発表する態度を身につけるとよい。

(4)　法律事務所におけるリーガルコーディネーターと依頼者との接し方は、通常の会社における社員と顧客の関係とほぼ同じと考えてよい。法律事務所においても、顧客を迎える原則は会社の受付・

秘書などと同じように、「にこやかに迎える」というものである。顧客に対してにこやかに接してはいけないと教育している法律事務所もあるようだが、特殊な場合(39)を除いては、依頼者の緊張を解くために柔らかな態度と表情で相談者を迎えるのが好ましいだろう。

(5)　法律事務所で働いていると、紛争に対する感覚が麻痺をしてくるようである。しかし、弁護士やリーガルコーディネーターから見て些細な紛争だと思っても、依頼者は、かつて味わったことのないような不安や怒りや恐怖を感じ、心を痛めている場合が多い。機械的に法律に当てはめて考える習慣が身に付いている弁護士は、とかく要件事実だけを聴き、他のことは二の次になるようだが、リーガルコーディネーターは真摯な態度で依頼者に接し、依頼者に対し、充分かつ真剣に話しを聴いていることと態度を示すことが重要である。依頼者から話しを聴くときには、依頼者の気持ちに応えられるような態度・表情を絶えず心がけるべきである。

五　法律用語を使った会話

小規模一般法律事務所を訪れるような依頼者の多くは、非常な緊張感や不安と共に法律事務所を訪れる。依頼者は、自分の気持ちを弁護士に解ってもらえるだろうか、おかしなことを言って軽蔑されないだろうか、弁護士に相談することによって自分の抱えている紛争や問題が少しでも良い方向に向かうのだろうか、その他様々な思いを持って、法律事務所にやってくる。

ほとんどの弁護士は、多忙を極めているうえ、日々あまりにも紛争が身近にたくさん存在し、紛争に巻き込まれた人々に慣れてしまっているため、紛争が、当事者にとってどんなに負担になっているのかということに気づかず（もしくはそれほど気を遣わず）、裁判所に提出する書面を書くのに必要不可欠な事実等を淡々と聞きだすことに終始しがちである。最近、カタカナの言葉が日本中に氾濫しているが、日常的にカタカナを使っており和訳しようとすると困難な言葉があるように、弁護士にとってごく一般的・日常的な言葉で、それを法律用語以外の容易な言葉に代えようとすると上手く説明できないような言葉（弁護士にとっては日常語にするのが面倒であるし、正確に説明しようとすると説明が非常に難しくなる言葉）が存在している。依頼者は、弁護士の話している言葉や文章が理解できなかったとしても、初めて会った弁護士にどの範囲まで質問することが許されるのか、こんなことを聞いたら笑われたり怒られたりするのではないか、常識知らずとバカにされるのではないか、など様々な不安があり、結局、自分自身の紛争に関する問題点や解決方法をよく理解しないまま、裁判手続きばかりが進行してしまうということも少なくない。

そこで、リーガルコーディネーターは、弁護士が使う専門用語・法律用語を、一般の人が理解できるような平易な言葉に代えて依頼者に伝える必要がある。説明の際に、正確さは勿論大切であるが、法律の基礎知識のない依頼者に対し、完全かつ正確な説明をしようとすれば、非常に時間がかかるし不可能ともいえる。そこで、手続を進めるうえで支障をきたさない最低限の知識を、解りやすく簡潔に説明することが重要である。理解の度合いは依頼者によって異なるため、確認をしながら先に進むようにしたい。

また、逆に、依頼者の多くが、リーガルコーディネーターに対して話しをするような整理されていない事実や感情については、依頼者に確認を取りながら整理し、弁護士が日常使っている用語に置き換えて、リーガルコーディネーターから弁護士に伝える必要がある。

六　本気で取り組む

法律事務所に勤務し、日常的に紛争に取り囲まれていると、紛争をいくつかに分けて類型化し、大枠に該てはめて、まさに型通りの処理をしがちである。依頼者が「私は耐えられないくらい大変な状況にあるんです」「私が苦しいと感じているところはそこではないんです」といくら訴えても、「まあ、まあ、落ち着いて。それはよくある問題なんですよ、法律に照らして整理すれば……」というように、依頼者の希望や考え方をある程度押さえ込み修正しながら、法律という枠の中に納めようとするのが一般的・標準的な弁護士(40)であるし、弁護士が依頼者と一緒になって慌てていたのでは、その役目は務まらない。

しかし、依頼者は、自分が生きていく上で、自分自身の周辺に、これまで経験したことのない様々な事実が色々な形で発生したことに混乱を覚え、その混乱を沈めるため自分自身でできる限りの対応を試みた結果、結局どうすることもできず、やむなく法律事務所にやってきている。そこで、リーガルコーディネーターには、依頼者が少しでも平静を取り戻すことができるよう、各依頼者に相応しい個別の取り組み方を考えていくことが求められている。

非常に抽象的な表現になるが、すべての依頼者は、混乱の度合いに見合った量のマイナスエネルギーを隠し持っており、そのマイナスエネルギーは、依頼者の感情が溢れ出る時、それと一緒に外に向かって発せられる。依頼者の話しを聞いている時、依頼者が抱えている事案が深刻であればあるほど、そして依頼者が感情的になっていればいるほど疲労感を強く感じるが、それは依頼者が発するマイナスエネルギーに起因しているのであろう。そこで、リーガルコーディネーターは依頼者の発しているマイナスエネルギーを受け止めて、プラスのエネルギーを以て同化させて行くことにより、僅かずつ依頼者の気持ちを平静に戻すよう努力する必要がある。紛争当事者が必死にもがいてもどうすることもできなかったような事態に対処しようとするのであるから、一人一人の依頼者が抱えている個々の事情を、依頼者が納得するまで聴き、冷静さを欠いた依頼者の心に向かって本気で語りかけ取り組んでいかなければ、自立支援はなしえないだろう。

結果として、ほとんどすべての事件は「実体法」という名の枠内に納めざるを得ないとしても、その前に、依頼者が気持ちの中のすべてを吐き出し、弁護士やリーガルコーディネーターと共に考え、事実を客観的に整理することができれば、実体法による解決と共に紛争処理をすることができ、依頼者の自立支援が可能になっていくのであろう。

ほとんどの依頼者が、一生のうちの最も困難な時を乗り越えようとして法律事務所を訪れていることを考え、一人一人の依頼者と正面から向き合い、本気で取り組むことがどうしても必要である。

七　リーガルコーディネーターという名称

実際に名刺に記載する名称については、法律事務所で個別に決めればよい。裁判所書記官につき新たな職域が認められ、「コートマネージャー」としての職務内容がほぼ一般化され定着している現在でも、正式名称は「コートマネージャー」ではなく「書記官」である。名刺に、「リーガルコーディネーター」などと書いてみても依頼者は何をする人なのかわからない。

本書で、リーガルコーディネーターという名称を使用しているのは、あくまで職務の内容をイメージするためのものであるので、名刺には「秘書」「訴訟担当秘書」などと書き、対裁判所では「事務員」「パラリーガル」などと名乗ったとしても、法律事務所内で、職務内容につきリーガルコーディネーターであると認められていれば、そして何よりリーガルコーディネーター自身とその上司である弁護士が、その存在目的・存在意義・職務内容につき自覚していればそれだけで充分である。

(25)　書面等の期限が決まっている場合に、事前に計画を立て、期限の日時から逆算して仕事を始めるようにすると良い。つまり、間に合いそうもなくなってから残業をするのではなく、終業時刻までに間に合うように早朝作業をするなどして、余裕をもって仕上げたい。

(26)　大規模な法律事務所の場合は別であるが、本書で問題にしようとしている小規模一般法律事務所の場合には、弁護士以外にそれほど多くの人間が働いているということは考えにくい。そこで、誰か一人が遅刻すれば、定時になっても事務所の電話に誰も対応しないなどという事態が発生することも考えられ法律事務所の信用が大きく傷つく。また、リーガルコーディネーターが期日に遅れたりすれば、期日メモが取れず全体の流れが汲み取れなくなるばかりか、弁論準備手続などの場合には途中からの入室ができないことも考えられる。また、依頼者は、紛争処理が長引けば長引くほどストレスが溜まり、自分の紛争が少しでも早く処理できればよいと待ち望んでいるのが普通であるから、紛争処理を長期化させないためにも、書面等の提出期限は正確に守るべきである。リーガルコーディネーターの怠慢で紛争処理に時間をかける結果になることは避けたい。仮に、弁護士サイドで書面作成が滞っていたなら、弁護士に対し、書面提出期限についての記憶を喚起する必要があるだろう。

(27)　依頼者が約束の時間に少しでも遅れると大層怒るのに、弁護士自身は時間に遅れても悠然と歩いていたり、依頼者を待たせておいて長電話をしていたり、更には依頼者に迎えの車を手配させたのに長時間待たせて平然としている弁護士もいる。また、弁護士は時間単位の相談料を依頼者宛請求しているのに、依頼者の都合も聞かず、自分自身の話や雑談をしている弁護士も存在する。

(28)　依頼者が、リーガルコーディネーターに対し、「先生にこんなこと話していいのでしょうか」とか「恥ずかしくて先生には言えないんですが、実は…」などと話し始めることもある。依頼者は、特別な存在である「弁護士」に「何をどこまで話してよいか」についても悩んでいるのである。

(29) 勿論、そのようにする必要の存否は、相談内容や弁護士の判断による。

(30) 個人間の紛争の場合には、仮に個人名を出して話をしていたとしても、それが直接紛争当事者（相手方）の耳に入る可能性は少ないと思われる。しかし、会社間・団体間の紛争の場合などは、神経質なほどの配慮が必要と思われる。M&A等に至っては、弁護士間の打ち合わせや、メールのやりとりなどにも暗号のようなものが使われるし、法律事務所内でも、関係者以外には実名が知らされないことが多い。

(31) 裁判所書記官は、スラスラと流れるように「こちら東京地裁民事第○部×係、書記官の植田と申しますが、平成一六年（ワ）第○○△××号障害賠償請求事件、原告山田太郎、被告鈴木花子、加地先生が原告側におつきの事件ですが……」と言ってから本題に入る。いつもメモ用紙と筆記具を用意して、電話に出ることをしないとメモが取れない。

(32) やむを得ないが、依頼者の質問の仕方は迂遠であり、何を尋ねているのかがはっきり分かるまで時間がかかることがある。したがって、リーガルコーディネーターが依頼者の質問をゆっくりと聴き、それを整理してリーガルコーディネーターの言葉（ある程度、法的に整理した形の言葉）に置き換えて、依頼者に確認をとった後、弁護士に伝える。

(33) 公共の場所やホームページ等に、事務所の宣伝を載せているような場合を除き、全く知らない人が、突然電話をかけてくることは珍しい。故意に「調べよう」として調べた場合は別として、法的な紛争を抱えた相談者が、知らない法律事務所をわけもなく選んで電話をしてくるということは考えがたい。知っている弁護士がいない相談者の場合には、弁護士会の法律相談に出かけてみたり、その他公共の場所で開かれる法律相談などに出かけ、そこで紹介された弁護士に依頼する場合がほとんどのようである。筆者の経験では、弁護士が代理人をつとめていたある事件が新聞に報道された後、見知らぬ人から電話が入り、その事件の関係者から紹介を受けた人だというこどであったため、弁護士の判断を仰いでアポイントをとった。しかし結局相談など何もなく、自分は雑誌記者だと名乗った後に、事件当事者のプライバシーに関し回答を誘導しようとし、その当事者を誹謗中傷するようなことを長々と話し当方のコメントを求められた。勿論弁護士は何も答えられなかったが、法律事務所は多くの依頼者のプライバシーを握っているだけに、全く見知らぬ相談者を受け容れるには慎重にならざるを得ない。

(34)　相談者のほとんどは、「大変なんです。至急お会いして相談したいんです。」と主張するが、相談者が、これから交渉に入ったり訴えを提起しようと考えているのが、どのような内容の事件なのか、または被告として提訴されており期日呼出状が裁判所から送付されてきているのか、などに応じて、弁護士のスケジュールを確認した上で、緊急性を判断し、面談の約束を取り付ける。相談内容により、おおよそどの程度の相談時間がかかるのか判断することができる。

(35)　一例を挙げると、「裁判所から呼出状が来て、『被告』ってところに私の名前が書いてあって、一〇〇〇万円払えというようなことが書いてあって、もうびっくりしちゃって、そんなお金ないし、でも裁判所から払えっていわれているし…」というような相談者に、「そんなに慌てなくても大丈夫ですよ。裁判所からの手紙が来たからといって、その通り払わなくてはならないってことはないんですよ。よく理由を検討してみて、本当に払わなくてはいけないお金なのかを考えてみましょう。裁判所からの手紙に対して、そんなに支払う必要がないということを主張していくことが裁判ですから、弁護士に相談して、どうすればよいのかをご一緒に考えていきましょうね」などと、ケースや依頼者の知識に応じて話しをする。

(36)　小さなメモ用紙に書くのではなく、訴訟記録（もしくは交渉記録）ファイルと同じ大きさのA４版の電話連絡メモの用紙を用意しておき、弁護士が目を通した後は、ファイルに綴じるよう習慣づけると、電話連絡に関する経過も分かって便利である。

(37)　最近は、茶髪にラフな服装をしている弁護士も見受けられるが、マスコミに登場しコメントするのが主な仕事になっているような特殊な立場の弁護士でない限り、非常にラフな姿の弁護士の説得力は少ないと思われる。ましてや、何の資格も持たないリーガルコーディネーターが説得力を発揮するためには、特に身だしなみに気を配るべきであろう。

(38)　もっとも弁護士によっては、リーガルコーディネーターの意見など聴く必要がないと考えているケースもあるだろう。各法律事務所によって、また、弁護士によって考え方が違うことは、II第3部第10章一で述べたとおりである。

(39)　「家族が交通事故に遭い急死した」「多額の手形が不渡りになり会社が倒産しそうだ」など常識で判断できる範囲に限られる。

(40)　ちなみに、加地弁護士は、弁護士自身が多忙で依頼者の事情や感情を聴く時間がない、もしくは、依頼者は話したがっているが弁護士として聴く必要がないと判断した場合に、依頼者が主張したいことのなるべくすべてを主張できるような工夫をしている。例えば、弁護士自身は取り敢えず裁判上の書面の核をなす要件事実・法律的主張の部分を依頼者から聞き取り、「それは大変でしたね」「じっくりと方法を考えましょうね」などの言葉をかけた後、それ以降は依頼者の気持ちを落ち着かせるも目的も兼ねて、リーガルコーディネーターが弁護士に代わって依頼者から話しを聞くような時間を作る。

第12章　依頼者に対する対応

一　来客応対の基本

基本的には、通常の会社におけるものと同じだと考えればよい。しかし、通常の会社以上に、「相談者・依頼者の緊張を解き、話しやすい雰囲気を作るような応対をする」ことを心がけねばならない。どのような応対が「話しやすく信頼を感じる雰囲気」であるのかは、その人（依頼者）によって異なる。したがって、訪れてきた相談者を（言葉は悪いが）素早く見極め、それぞれに対し、相応しい応対をするとよいだろう。例えば、緊張を解いて話しやすくするという観点からは、汗をかいている訪問者なら冷たいお茶を出し、子供が愚図っていたならお絵かき用の色鉛筆と紙を与え、年老いた訪問者には椅子を引いて座りやすいようにするなど、また、信頼を得るという観点からは、依頼者（のレベル）に合わせた言葉遣いをし、依頼者（の好み）に合わせた話題を選ぶなど、個々に対応する。

心に不安や傷を持った人が訪れてくることが多いことを念頭に、人間として暖かく接すれば、それは自ずと依頼者に伝わるものであろう。

二　リーガルコミュニケーション

(1)　本書では、リーガルコーディネーターを、多くの人間関係の調整役としてとらえている。したがって、いわゆる弁護士の間で論じられているリーガルコミュニケーションと、本書で論じようとしているリーガルコミュニケーションはやや視点が異なる。本書では、リーガルコミュニケーションの機能を、第一に弁護士とリーガルコーディネーターが顧客（依頼者）の信頼を勝ち取るために行うべきコミュニケーション、第二に紛争に関する当事者の気持ちや事実を理解するために行うべきコミュニケーション、の二つに分けて考えることにする。

(2)　まず、依頼者の信頼を築くためのコミュニケーションが、是非とも必要となる。リーガルコーディネーターは、自分自身の信頼を得つつ、依頼者による弁護士への信頼がより一層確かなものとなるよう努力する必要がある。前述の部分と重複する箇所もあるが、具体的には、

①　身だしなみ・言葉遣いに気をくばり依頼者が話しやすい雰囲気作りをする

②　依頼者が話すことを真剣に聴く態度を示す

③　依頼者が一度話したことを忘れない（メモをとる）

④　約束（特に時間）を守る
⑤　一定レベルの法律知識を持つ
⑥　常に弁護士を立てる態度を忘れないようにする
⑦　上司である弁護士の基本的姿勢をよく理解しておく
⑧　上司である弁護士の最近扱った裁判の経緯や判決を知っておく
などに注意することが必要と言えよう。

⑶　また一歩進んで、委任を受けた後は、紛争に込められた当事者の気持ちを的確に判断し、また、事実をなるべく客観的に知り、更に手続の進行状況を正確に当事者に伝えるためのコミュニケーション技術が必要となる。弁護士は、当事者とのコミュニケーションに際し、当たり前のように法律用語を使い、むしろ、法律用語を使わずに話すことが苦手のようである。よほど訴訟慣れしている当事者、もしくは法律を熟知している当事者以外は、弁護士が紛争のことや裁判のことを話しているのを聞いていても、まるで、外国語を話しているかのように感じるに違いない。コミュニケーション不足は、依頼者の弁護士に対する不満、ひいては司法に対する不信感の大きな要素となる。したがって、当事者のために（言い換えれば、当事者が訴訟に参加できるように）、分かりやすい言葉で法律のことや手続のことを説明し、忙しい弁護士に代わって依頼者とのコミュニケーションを図ることも、リーガルコーディネーターの大切な仕事の一つである。現状に関する連絡・法廷における期日の報告・法律構

成その他語句等の説明を、当事者が理解できるよう工夫して行ない、当事者自らが、紛争処理方法を決定することができるよう手助けすることが必要であろう。

(4)　リーガルコミュニケーション全体について言えることであるが、正しい日本語を話せることが必須条件である。また、法律を知らない人に法律のことを分かりやすく話すのであるから、当然のこととして、法律の基本を知っておく必要がある。しかし、紛争当事者が、民法や商法の解釈論を展開するなどということは考えにくいし、それほど法律を知っている当事者であれば、リーガルコーディネーターが当事者の理解を図るための手伝いをする必要はないので、リーガルコーディネーターが知識として備えておく必要があるのは浅く広い法律の知識である。

通常、当事者は、自分自身の紛争のどの部分(の事実)が勝敗の決め手になるのか、現時点でその事実について裁判官はどう考えているのか、裁判で勝てそうなのか、自分の紛争はこれからどのような手続を経ていくのか、和解の可能性はあるのか、証人(本人)尋問のため出頭の必要がありそうなのか、などの点を特に気にかけているケースが多い。依頼者が特に何を知りたいと思っているのかを把握し、依頼者が不審を残さないように、丁寧に説明をする必要がある。その場合、弁護士が何気なく使っている言葉、例えば「棄却」「認容」「期限の利益」「過怠約款」「相殺の抗弁」「否認」「不知」「一部請求」「控訴」など(これらはほんの一部であるが)、専門家が日常語のように使用している言葉でも、当事者が正確に理解できていないケースが多いことを常に頭に入れ、依頼者が疑問に思っているようであれば、簡単な一般的言葉で繰り返し解説することが重要である。

(5)　初めて相談を受けるときには、弁護士と当事者、それに必要な場合[41]にはリーガルコーディネーターが同席する。弁護士は、当事者に対し、要件事実を中心に質問をしていき[42]、訴訟の法律構成を考える。その後、弁護士が必要と判断し依頼者が望めば、リーガルコーディネーターが引き継いで、依頼者から詳しい話しを聴く。

リーガルコーディネーターが依頼者から話しを聴く場合には、まず、当事者が話したいと思っていることを遮らずに(勿論限界はあるが、なるべく)全部話させることが必要である。当事者は、何が法律上の要件事実で、どの部分が間接事実で、事情と呼ばれるのがどこの部分なのか分からない。依頼者によっては、依頼者自身にとって、事情の部分がもっとも大切だと考えていることもある。そのような場合に、事情の部分も聴いておかないと、後になって、依頼者が「先生は大切なところを聞いてくれなかったので[43]私の思いが伝わらなかった」などと不満を持つことになりかねない。当事者が最も話したいことを最初に丁寧に聴き、その後、訴訟を展開していく上で必要なことを少しずつ聴いていくのが、正しい話しの聴き出し方であろう。

亡父と弟が憎くてたまらないという長女に依頼され、遺産分割請求事件を提起したことがある。その際、弁護士と依頼者との打ち合わせに井上美里も同席したが、依頼者が非常に多弁であったため、一時弁護士が中座し、井上が一人で長女の話しを聞くことになった。そういう場合にも、時として依頼者から重要な内容の話が出ることがある。また、依頼者は言いたいことを全て聞いてもらえたという満足感を得ることになる。もちろん、法律上の問題が含まれていると思われる時には、再度弁護士の同席の下、確認する必要があろう。

長女「本当にひどい父だったんですよ。外に女を作って、母をさんざん泣かせて……お金があるときには自分ばっかり良い思いをして、本当に女にはだらしがなかったんですよ。それからね、昔から家を継ぐのは男だって私に向かってイヤミたっぷりに言うんですよ。（その後三分間ほど、父と弟が、女性蔑視の考え方だったと悪口を言い続ける）……。」

井上「お母様もご苦労なさったんですねえ。ところで、女性蔑視って、お父様は具体的にどんなことをおっしゃったり、なさったりしたんですか。」

長女「母に向かって、女は馬鹿だとか、女の子なんか産んだって何にもならなかったとか、どうして女の子なんか産んだんだとか。私には、どうせ嫁に行くんだから金はかけない、教育はいらないとか……。母が私に残したいって言っていた貯金も、母が亡くなった後、父が全部おろして使っちゃったんですよ。」

井上「まあそうなんですか、大変でしたねえ。そういう考え方の男性はまだまだいらっしゃいますよねえ。ところで、お母様の貯金って、いくらぐらいあったのか分かりますか、その当事の通帳やお母様の遺言書は残っているんでしょうか（母の遺産分割請求をする際に必要な事実と資料である)。」
長女「ああ、母の貯金通帳ですか、ありますよ。それから、手書きだけど遺言書もありますよ。まったく、冗談じゃあない。今は男女平等ですよ。私だって、自分の家庭を犠牲にして、父にはさんざん親孝行したんですよ。」
井上「確かにそうですよね、男女平等ですよね。ところで具体的にどんな親孝行をなさったんですか(これは寄与分に関する主張につながる)。」
長女「母が亡くなってすぐに弟が転勤で地方に行ったんですが、それからずっと父は私の家にいたんですよ。とにかくわがままな父でねえ。私の主人や子供がいるにもかかわらず、自分では何もしないで、私を召使いのようにつかうんですよ。すごく大変だったんです。なくなる前の二年間ほどの病院通いの費用だって私が出したし、送り迎えも全部私でしょう……三度三度のご飯はちゃんと食べるんだからイヤになっちゃいますよ、まったく。結局、父が歳とってから、弟はほとんど世話をせずじまいだったんですよ。」
井上「ああ、それは本当にご苦労なさいましたねえ。弟さんはお父様と一緒に暮らして面倒を見たということはあったんですか。」
長女「全然しませんよ。ああ、そうそう、あのね、弟はうまいこと言って、父が亡くなる直前に、実家の土地を全部自分名義に変えちゃったんですよ。」

井上「へえ、直前ってどのくらい前ですか。土地の名義変更っていうのは、弟さんがお父様から安く買い取ったのですか、お父様が弟さんに贈与されたのですか（生前贈与された財産も相続財産に含まれる)。」

長女「弟が、騙し取ったんですよ。やっぱり家を継ぐのは長男だからお父さんの墓はオレが守るよ、とか何とか言って。」

井上「そうですか。じゃあ、財産は全部弟さんの方に行ったんですね。」

長女「そうですよ。本当に信じられない！」

井上「これから、細かな点を調べていくことになると思います。次回までに、お父様と一緒に暮らしていた期間と、その間具体的にどのような世話をなさったのか、経済的なものも含めて紙に書いてまとめてきてください。また、お母様の貯金通帳や遺言書、ご実家の不動産に関する登記簿謄本の取り方は分かりますか？」

このように、愚痴とも事情ともいうべきことを一緒に聞かないと、重要なことも聞き逃すことがあるし、当事者の納得を得られない。

⑹　依頼者から(もしくは関係者から)話しを聴くときには、必ず、相づちを打つことが必要である。「はい」「ああ、そうですか」「そうですよねえ」「それは大変でしたねえ」「ええ、よく理解できます」「お気持ちお察しします」など状況に合わせて様々な相づちを打つことで、当事者は話しをしやすくな

る。その場合に、必ずしも敬語を使う必要はない。依頼者だからという理由から、必ずしも敬語を使うことにより、話しを聞き出しにくくなることもある。若い依頼者の場合や、敬語に慣れていないような人の場合、「ああ、そうなんだあ」「うん、うん」「分かる、分かる」など、相応しい言葉を選べばよい。

(7)　依頼者に対し、弁護士からの伝言を伝えたり回答をしたりする場合には、結論を先に言った方が分かりやすい。例えば「印鑑証明書を五月一〇日までに一通取得してください。使用目的は……」「判決の内容は、内田さん（被告・相手方）が一五〇万円を山口さん（原告・依頼者）に支払え、というものでした。その理由は……」のように結論を先に述べる。理由を先に述べると、依頼者は何がどうなっているのか理解しづらい。

また、平易な言葉を使うことも大切である。リーガルコーディネーター自身が法律用語を知っているからといって、難しい言葉を使用すると、依頼者に理解されない可能性がある。前記の判決を法律用語で言えば、「判決の内容は、原告の一部勝訴で、請求のうち一五〇万円が認容されました。その理由は……」のような説明になるが、それでは、依頼者は勝ったのか負けたのか、自分はいくら貰えるのかなど理解しにくい。

さらに、ゆっくり話すことも大切である。相手と面と向かっている場合には、相手の顔を見ながら、相手が自分の話している内容を理解しているかどうか確認し、理解できていないと思われる場合には、

「よろしいですか」「お分かりですか」などと確認してから先に進もう。

三　リーガルカウンセリング

(1)　近年、夫婦・親子間の問題、近隣紛争、多重債務をめぐる問題など、単に機械的に法適用を行うだけでは合理的な紛争処理ができない問題が増加しつつある。紛争処理を依頼者(当事者)に委任された弁護士は、それ以降、弁護士自身がイニシアティブをとり、作戦を立てて争っていくのが通常である。しかし、前にも述べたように、当事者の気持ちを細部まで聞くことなく、弁護士が、権利義務関係の主張を整理し独断的に方針を決め実行していくと、裁判上の解決はできても、当事者の納得を含めた合理的紛争処理がなし得ないいケースが多々存在する。

そこで、それぞれの当事者に相応しい人間的な解決を図ろうというのが、リーガルカウンセリングの発想の原点である。リーガルカウンセリングとは、本来、弁護士が行う法律相談の一方法として論じられているものであるが、リーガルコミュニケーションと同様、本書では、リーガルコーディネーターが行うリーガルカウンセリングのあり方について考えたい。

(2)　相談者または依頼者が、何をなぜどのように不満に思っているのか、それをどのような形で処理したいと考えているのか、リーガルコーディネーターは自分の意見を差し挟むことなく最後まで聞く必要がある。通常、弁護士が、当事者から話しを聞きながら、要件事実に添った形で整理をしていくが、当事者が本当に訴えたいことはそこにはない場合もあるからである。

筆者が学生だった頃、次のような事件を経験した。上本氏の家の隣に磐田氏の家が建っている。上本氏の家は築後八年の木造注文住宅である。自営業を営む磐田氏の家には鉄筋鉄骨築二五年の倉庫が隣接して建っていたが、磐田氏は他所に倉庫用の土地を求めたので、自宅に隣接している倉庫を取り壊すことになった。磐田氏は、隣家の上本氏に何の挨拶もなく倉庫の解体工事を始めた。騒音や振動に悩まされ続けた上本氏は、磐田氏に苦情を申し入れたが、工事は続行された。解体工事が終了したとき、上本氏は「磐田氏の倉庫を解体した際の振動により高額な費用をかけ建築した上本氏の木造注文住宅にひずみが生じて通常の使用ができなくなった」として、磐田氏と工事を請け負った建築会社を被告として損害賠償請求訴訟を提起した。この事件は建築紛争の専門部に係属し、上本氏の自宅のゆがみ等についての鑑定がなされることとなった。鑑定の結果、上本氏の家にある程度のゆがみが生じていることは認められたが、それが磐田氏の倉庫解体工事に起因しているものかどうかは不明であった。結局、数回の和解期日が開かれた後、弁護士費用にも満たないような僅かな賠償金が上本氏に支払われた。

しかし、上本氏が本当に望んでいたことはそこにはなかったのである。上本氏は法律事務所を訪れた当初から「何の挨拶もなく」「隣に住んでいながら」「前は親しくしていたのに」などの言葉を頻繁

に発していた。訴訟が終了した後の上本氏の感想は、

「本当はね、お金なんかどうだってよかったんですよ。工事が始まる前に菓子折でも持って、『うるさくなるけどよろしく』って言ってくれれば、それだけでよかったのに、私はね、まさか、裁判官と一緒に鑑定士が家の中に上がり込んで、ビデオまで撮られるなんて思わなかったんです。ただ、挨拶もしないで悪かったと謝って欲しかっただけなんです。いえね……私が知り合いの人に愚痴をこぼしていたら『そういうことだったら偉い弁護士の先生を知っているから相談するといいよ』って言うから、私はそうしたんですよ。まあ、私がもっとちゃんと話せばよかったんですけど、先生も忙しそうで、『家のひずみはどういうところに出たんですか』とか『ふすまはちゃんと開くんですか』とかいうことばかり聞くので、何となく、謝って欲しいというのが本心だなんて言い出せなくなっちゃって。」

結局、裁判は終わったが、僅かなお金が支払われたことで、隣人同士がより気まずくなり、上本氏は近所で「ちょっとしたことで裁判をおこす人だ」と噂を立てられただけで、本来の目的は達成されなかった。上本氏が法律事務所を訪れた当初の目的は、磐田氏がしたことに対して何とか謝罪させる方法はないものか、近所づきあいは大切なのだということを伝える手段がないものだろうか、ということについて弁護士に相談をしてみようというものだったようである。それにもかかわらず、

上本「家にひずみが出てね」

弁護士「へえ、どの程度のひずみなんですか」

上本「ふすまが開きにくくなったりしたんですよ」
弁護士「ふすまの開閉はできるんですか。それとも全く動かないふすまもあるんですか。」
上本「半分ぐらいまでしか動かないふすまもあるんですよ」
弁護士「それじゃあ、生活に差し支えますねえ」
上本「そりょそうですよ、直すにはお金がかかるしねえ」
弁護士「そのひずみをなおして、ふすまが自由に動くようにしないとねえ」
上本「もちろん、そうですよ」
弁護士「うーん、いくらぐらいかかるんでしょうねえ。家の中の不具合を修理するには……。損害賠償請求の裁判を起こすことになりますねえ。」

というような会話から、損害賠償請求事件に発展した。しかし、上本氏の話しを最後まで遮らず聞いていたなら、裁判などという手段ではなく、上本氏に助言することにより、磐田氏との話し合いの下に、謝罪といくらかの修理費をもらって、隣人関係を修復することができたかもしれない。

病院で、医師の診断を受ける前に、問診票の記入をしたり、看護師に細かな症状の説明をしたりするがごとく、当事者の話しを最後まで遮らずに聞き、当事者が気にかけている問題をすべて吐き出させることにより、その当事者が、金銭的賠償を望んでいるのか、人間関係の修復を希望しているのか、それとももっと他の目的があるのかなどの希望を正確に把握すると共に、何を避けたいと思っているのかについても確認することが、リーガルカウンセリングの視点からは、必要不可欠である。

⑶　リーガルカウンセリングで非常に大切なことの一つに、「相手方のことを度を超して批判しない」ということが挙げられる。法律事務所に相談に来た相談者・依頼者は、相手方に対する憎悪や恨みで満ちている場合がほとんどであり、多くの当事者は、「あの人は本当にひどいんですよ」「先生、こんなの相手がおかしいに決まってますよね」「あいつを苦しめることならどんなことでもしようと思っているんですよ」「復讐したい」「差し違えてでも何とかしたい」、というような言葉で相手方のことを激しく批判する。むしろ、「相手にも言い分はあるでしょうが」というような表現を使う依頼者はめったにいない。

そのうえ、依頼者の気持ちは、その事件が訴訟に発展して、相手方から出てくる数々の反論の書面を読み進むうちに、益々エスカレートする。憎悪が増し、怒りを覚え、被害者意識が強くなっていく。紛争当事者は、例外なく、相手方の気持ちが文書化されたものを目にすれば怒りを増幅させるのである。書面は何度でも読み返すことができ、相手方の口から放たれた言葉のように記憶が薄らぐことはないし、相手方代理人弁護士は裁判に勝つために、当然のこととして相手方の主張を強く全面に出してくるため、裁判当事者は、互いに自分の主張と反する相手方の主張を幾度となく目にすることになるからである。

そこで、当事者の感情をおさめ紛争処理を行うため、受任当初から、積極的に相手方のことを悪く言ってはならない。当事者が相手方を批判した場合に、内容によっては、依頼者の主張に肯定的態度で応ずることが依頼者の感情をおさめる効果があるのでそれも必要である。しかし、当事者の話しの内容が度を超え、敵対感情があまりにも露骨な場合には、（相手方の立場に立って言い訳をする必要はないが）当事者の言い分に同調することも控えるべき場合もある。例えば、依頼者が「夫は、仕事ばかりして、家庭を顧みない。私と子供はいつも寂しい思いをしてきた。本当に酷い人だ」と主張した場合に、「そうですか。それは、本当に酷いですよね」とだけ対応していれば、後々の紛争処理（もっと正確に言うのであれば自立支援）につながらない。「それは寂しかったでしょうね。でも、大切なご家族のためと思ってご主人は必死に働いていたとも考えられますよね」と、一言付け加えることが、後々の自立支援に役立つこともある。

ここで、少し長くなるが井上美里が経験した貴重な例を紹介したいと思う。これは、当初、加地弁護士の知人である岡野弁護士が単独で受任し、その後、岡野弁護士がどうしても一人では代理人としての任務を果たせないとのことで、加地弁護士に代理人になってくれるよう依頼したものである。その結果、加地弁護士は、依頼者である松田直子の委任を受け、岡野弁護士と共に代理人となった。

この事件は、松田直子と稲本潤との内縁関係のもつれに端を発している。稲本潤は、三六歳の独身青年実業家であり、港区西麻布（東京都内の超高級住宅地）に三階建て二八〇坪もの邸宅を所有、四匹の番犬とともに居住し、住み込みの運転手や家政婦を雇っている。松田直子は、国立大学在学中、稲本の姪の家庭教師のアルバイトをしていた経験があり、二人は都内有名ホテルで行われた、稲本の姪の誕生パーティーを縁に知り合った。稲本は、これまで出会ったことのなかったような聡明で清純なタイプの直子に心をひかれ、直子は包容力があるうえに男らしい稲本を好きになり、二人は結婚を前提につきあいを始めた。その後、直子が大学四年在学中に妊娠し、卒業直後の五月に男の子を出産した。結婚式は少し落ち着いてから盛大に行おうということになっていた。しかし、その後、入籍をめぐるトラブル、稲本家・松田家の家柄の違いなどから発生したいざこざ、直子と稲本の母をめぐるいわゆる嫁姑問題、など様々なことから二人はたびたび喧嘩をくりかえすようになってしまった。そんなある日、若い直子は、我慢ができなくなり、幼い子供を連れて家を出た。その後、稲本と直子が幼い子供を奪い合うような状態が続き、二人の争いが表面化した。

直子は、稲本との間で子供の奪い合いが始まったときから、岡野弁護士に相談を持ちかけていた。直子は、稲本の個人的事情等に関してもすべて岡野弁護士に打ち明け、今後の方針を相談していたのである。

直子「先生、いつもすみません。稲本と昨夜会ったのですが、稲本はさんざん私に謝ったり息子が可愛いと言ったり、これからは仲良くしようと言ったりするんですけど、私はその言葉をそのまま信じて良いのかどうか不安なんです。稲本は、前にも私に嘘をついたし、今回は興信所を使って私の動向を探ったりして息子をさらっていったでしょう。その執念をみていたら恐ろしくなったんです。この先どうしたら良いんでしょう。仮に、私が、稲本と別れると言えば、稲本はお金持ちだから、子供の養育費をたくさんもらえるでしょうか。それから、息子の親権は私が取れるでしょうか。」

岡野「うーん、稲本さんのどんなところがいやなんですか？」

直子「だって、私を大きな声で怒鳴ったりするし、子供の面倒もみないし、この間なんか私のことを殴ったりしたんですよ。」

岡野「ええっ。怒鳴ったり、殴ったりするんですか。それは酷い……。そういうことをするのは男として、最低ですね。」

直子「そうでしょう。私もそう思ったんですよ。別れた方が良いですよね。」

岡野「まあ、別れたほうが良いかどうかということについては、私がどうのこうの言える問題ではないですけれどね。親権については直子さんが取れるでしょうねえ。よほどのことがない限り、日本の場合は、幼い子供の親権は母親の方に行きますからねえ。それから、養育費も、今のような段階で請求すればもらえるでしょうねえ。まあ、養育費も相手の生活程度によって色々違いますからねえ。それなりに充分もらえるでしょう。」

直子「先生、私は怖いんですよ。前みたいに私と稲本が喧嘩になって、稲本が私に手をあげたりしたときのことを考えると。」

岡野「そうですねえ。たとえわずかでも、女性に対して手を上げたりするのは最低の男ですよね。ドメスティックバイオレンスというのが、今、問題になっているけれど、そういう男性は、なかなか、性格というのかなあ……治らないものなんですよね……。」

直子「ええっ、そうなんですか。私もそう思ったんですよ。やっぱりねえ。」

こんな会話が繰り返された後、結局、松田直子と稲本潤との関係は修復することなく、その後、親権や監護権をめぐる事件やその他多くの事件が二人の間に係属することになった。事件に関する詳細について述べるのは差し控えるが、自己を正当化させるために互いが互いの書面で罵詈雑言を繰り返し、直子は相手方の書面を読んでますます稲本に対する恨みや憎しみをつのらせた。書面の内容が激しくなればなるほど、互いの心の中に、互いに対する消しがたい憎悪の念が確立していったのである。

弁護士に相談する前の段階で、直子は、稲本と結婚生活を続けることはできないとしても、息子については、稲本と直子との間を自由に行き来できるようにさせても良いと考えていたし、稲本に対し、それほど強い憎悪感を抱いていたわけではない。しかし、稲本も直子も、どうしても子の親権をとりたいという強い希望を持っていたことから、自分の方が親権者としてより適当であるということよりも、相手方が子の親権者としてより不適当であることを裁判で明らかにしようとしたため、結果として互いの悪口を言い合うような書面が行き交うこととなった。そのうち、直子は「稲本はもともと私を騙そうとしていたんじゃあないか」「どうせ、稲本は嘘つきだから」「うまいこと言っても信じられない」「稲本は約束したって守りっこない」という心情にまで至った。訴訟はますます泥沼化し、収拾がつかなくなり、岡野弁護士は、一人では対応できないと考え、加地弁護士に応援を依頼したものである。

加地弁護士は、松田直子から委任を受けてすぐ、井上を交え、直子と長時間にわたる話し合いの時間を持った。加地弁護士は、直子の心の中を覗いてみようと思った。

加地「直子さん、今、一番希望しているのはどんなことなの?」

直子「とにかく、稲本を許せないんです。仕返しをしたいんです。」

加地「稲本さんとの関係も大事な問題ではあるけれど、今は、お子さんの幸せのためにどうすべきかというのが大切なことじゃあないの? お子さんを幸せにしたいっていうのが一番の希望なんじゃあないの? お子さんを幸せにしたいんだったら、具体的にどうすれば良いのか、それを考えなくてはねえ。」

直子「先生は、知らないからそんなこと言うんですよ。稲本は本当に悪い男なんです。岡野先生はそのことをわかっていれくれているんで、話しやすいんですけど、加地先生も、稲本に騙されないように注意してくださいね。」

加地「まあ、そんなふうに言っても、稲本さんは、直子さんが一度は好きになった人でしょう。彼の子供を産みたいと思ってお子さんを産んだんではないの? お子さんだって、両親がいがみ合っている中で育つよりは、せめて、普通の関係の中で育った方がいいと思いますよ。仕返しをするなんていうことばかり考えずに、お子さんにとって、先ず少しでも良い状況になるよう、具体的方法を考えましょうよ。」

井上も、加地弁護士の意を受けて、同性の立場から直子の気持ちをほぐそうと努力した。

井上「直子さん、大切なお子さんを、ご自分の手元に置いておきたいという気持ちは分かりますが、たまにはパパにも会わせてあげた方が、お子さんも幸せなんじゃあないでしょうか。とりあえず、お子さんの前で、パパの悪口だけは言わないようにしませんか。」

直子「私は、悪口なんか言ってませんよ。この子にはパパのことなんか話さないし、この子はパパのことなんか忘れてるから大丈夫ですよ。」

井上「弁護士が付いているのだから、そんなに怖がらなくても大丈夫。あまり、ピリピリしていると、その雰囲気がお子さんにも伝わって良くないですよ。」

直子「ふん、井上さんは稲本の怖さを知らないんですよ。弁護士が付いているからって、何になるっていうんですか。稲本は、絶対に許せないし信用できないですよ。大体、こんなにたくさん裁判起こして、何考えているんですか。」

井上「でも、それは、直子さんも同じじゃあないんですか。お互いにお互いが大好きだから、そしてお子さんが大切だからこうなってしまったのではないですか。いつか、お子さんが、僕のパパはどこにいるの？　と聞くときが来ますよ。例えば、幼稚園の運動会だってパパがいた方が良いでしょう。」

しかし、稲本を憎悪する気持ちが固まってしまった直子の気持ちを変えることは容易ではなかった。これら裁判の内容については、これ以上触れるつもりはない。

ここで問題にしたいのは、岡野弁護士が、当初、直子の相談を受けた時点における会話の内容(44)である。岡野弁護士が、直子に対する発言に関し、もう少し工夫を凝らしたら、もしくは岡野弁護士の事務所にリーガルコーディネーターが在籍しており事件当初より直子との係わりを持っていたとしたら、事態はどのように変わっていただろうか。たとえば、直子から、稲本が直子に謝ったという事実を聴いたとき、

例「やっぱりねえ、稲本さんは直子さんのことを心から愛していたんだと思いますよ。その表し方が下手なんでしょうねえ。男ってそんなもんですよ。」

例「まあ、取り敢えず、お子さんが無事で良かったですよねえ。直子さんは心配したと思いますが、稲本さんも父親としてお子さんのこと可愛いんですねえ。」

例「稲本さんにも弁護士がついている以上、稲本さんにそんな変なことをさせたりしませんよ。それほどご心配はいらないと思いますねえ。」

岡野弁護士もしくはそのリーガルコーディネーターが、そんな助言をしていたとしたら、この一連

の事件の成り行き、つまり、子供がおかれた環境は変わっていたかもしれない。通常の裁判は、六〜七割が和解（双方の互譲）によって解決されているというのが現実であり、しかも、この事例ではどちらが親権を取るかという争いであるため、争っている当事者は子供の幸福を考えて、双方互譲することが必須といえる。よって、当事者の代理人やリーガルコーディネーターは、（特に書面上で）度を超して相手を非難することは控えておかなくてはならないといえよう。もちろん、直子の代理人やリーガルコーディネーターだけがそのような気遣いをしたとしても、稲本側の代理人が直子を罵倒していたのでは何もならず、双方代理人が、依頼者のみならず相手方にも気遣うことが、紛争処理への大切な早道である。これら一連の訴訟では、井上美里までが、相手方の書面で、井上自身への攻撃を受けた。いわく、

「直子の代理人とパラリーガルは、『審判』や『訴訟』に於いて相互で全く矛盾する支離滅裂の大嘘を吐いていることさえも気づかないような『デタラメ』で『横着』で『司法を愚弄する嘘の連発』というような卑劣さを如何なく発揮している」

「直子も代理人もパラリーガルも、平気で嘘を吐く倫理意識欠如、司法愚弄の徒輩であり……」

ここでいうパラリーガルとは井上のことであろうが、井上は、もちろん、稲本側の代理人と、事件の内容につき話しをしたことはない。当事者本人同士のみならず、代理人や事務所職員までも巻き込んで非難しあうようでは、紛争の処理はなされず、まして、訴訟終了後の自立支援などできようはず

はない。

(4)　当事者の視点に立って事実を見ることがリーガルカウンセリングの基本であるが、自分自身が経験したことがない状況に立つ人の気持ちを、実際に理解するのは容易ではない。しかし、当事者が、全ての不満を吐き出し、自分の希望を主張し、それらの不満が法律の範囲内でどの程度まで解消され、また、どのような形で希望が容れられるかにつき、納得行くまで弁護士やリーガルコーディネーターと話し合うことができれば、当事者は、弁護士やリーガルコーディネーターが自分と同じ立場に立って紛争を理解してくれ、処理してくれると感じることができるだろう。また、当事者自身が、自分自身の紛争をどのような形で処理したいのかについて分かっていない場合も多い。そのような場合には、多忙な弁護士に代わって、リーガルコーディネーターが、当事者と共に考え事実を整理しながら、当事者の気持ちも整理していく必要がある。

本書・前編第四章で、当事者柳沼利美が、最後まで事件の解決方法について、不満を持っていたことを思い出して欲しい。この事件においては、当事者の相手方に対する憎しみ・憤りなどの感情が激しく、貸金を返還して欲しいという思いと同じぐらい、相手を懲らしめて欲しいという感情が強く、当初から、どうしても訴訟を提起して欲しいと希望していた。依頼を受ける際、もしくは、依頼を受けた後にも、リーガルコーディネーターがもう少し時間をかけて柳沼利美と話し合い、共に協力して執行可能性などに関する相手方の調査をし手段を考えていたら、更に裁判に勝つことはできても執行することが非常に難しいということを順序立てて説明していたなら、訴訟終了後の柳沼利美の反応が多少異なっていたかもしれないと思われる。本件柳沼利美の場合には、訴訟終了時に相手方への憎悪が増幅しており、「自立支援」への手助けが成功したとは言い難い。

通常、弁護士は、要件事実に即して考えることを得意とするものである。また、これまで、弁護士は当事者の抱える問題を法律に当てはめて適切な判断をすることが、その役割であると考えられてきた。しかし、それを優先しようとするあまり、何に当事者の自立支援を求めるかという点に思い至らない場合もあるのではないかという危惧を感じる。弁護士に代わって、リーガルコーディネーターが、当事者の感情的な視点からの主張も併せて聴くことにより、裁判の終了と紛争の処理とが一致し、自立支援への途が開けるのではないだろうか。

四　期日報告書の作成

リーガルコーディネーターの大切な職務の一つに、期日報告書の作成がある。まれに、各期日に出席し、自分自身の紛争の成り行きを見守っている依頼者もいるが、多くは、相手方当事者に会いたくないとか、裁判所には行きたくない、面倒であるなどの理由から期日への出席はしない。たとえ、期日に出席をしたとしても、それが弁論期日であったなら、ただ単に法廷における成り行きを見守っていただけでは、何が行われたのか依頼者にとっては分からないだろう。

そこで、リーガルコーディネーターは、期日が終了した後、期日報告書(45)を作成し、依頼者に送付をする。依頼者は、自分の期日で何が行われたのかを、少しでも早くそして正確に認識したいと望んでいるため、早急にそして分かり易い報告書を作成する必要がある。期日報告書には、①事件番号と当事者名、②場所（裁判所名・法廷番号もしくは準備室など）、③どのような期日だったのか（弁論・弁論準備・準備的口頭弁論・和解など）、④出席者（だれが出席したのか・関係者として誰が傍聴していたのかなど）、⑤何が行われたのか(46)、⑥次回期日はいつ・何をすることになり、それまでに何を用意することになったのか、⑦今後の進行見とおし、などを記入する。

依頼者が充分理解できるよう、依頼者毎に工夫をした期日報告書を作成・送付し、依頼者が、紛争当事者として裁判にかかわることができるよう努力したいものである。

(41)　必要か否かについては、当事者の年齢や性別・事件の内容などによって、弁護士が判断する。

(42)　一概には言えないが、どちらかいうと、要件事実以外は排除して依頼者から話しを聴いていくタイプの弁護士が多い。依頼者が何を話そうとしても、「今、聴いているのはそんなことではないですよ」「そんなこと聴いてないでしょ。質問に答えてください」などと遮ることがある。

(43)　たとえ、弁護士が聴いていなかったとしても、代わりにリーガルコーディネーターが依頼者から話しを聴き、依頼者と共に何が問題になるのかを（依頼者が何を一番に気にかけいるかも含めて）整理し、これらをリーガルコーディネーターから弁護士に伝えているということを、依頼者にはっきりと認識させておけば、依頼者は安心する。

(44)　誤解のないように述べておくが、ここで特段岡野弁護士の批判をするつもりはない。通常の感覚で話しを聴き、通常の感覚で受け答えしていたにもかかわらず、このような結果になってしまうこともあるのだということを知り、当初の対応の大切さを痛感したため、特にリーガルカウンセリングの項に記載した。

(45)　期日報告書の書式については、定型化しない方が使いやすいようである。もし、定型化した様式を作成しておくのであれば、いくつかのパターンを用意するとよい。なぜなら、依頼者の法知識のレベル・一般的常識知識のレベル・訴訟進行や内容に関する好奇心のレベル等により、それぞれ期日報告書の内容を考案したほうが、依頼者の満足を得られると考えられるためである。

(46)　弁論期日であれば、準備書面陳述・書証提出・証拠申出などが行われるのが通常であるが、その内容について記述する。しかし、「準備書面陳述」と書いても依頼者にとっては意味不明と思われるため、相手がどのような主張をしたのか、当方がどのような主張をしたのか、それに対し裁判官はどのような反応を示したのか、などの内容をまとめて記載し、準備書面については、コピーを送付するだけでなくその内容に解説を加える。また、弁論準備手続のように、裁判官や相手方代理人と活発なやりとりが行われたような場合は、期日ノートに基づき、話し合いがなされた内容につき報告をする。当事者が知りたいと思っているのであろう内容を充分に考えながら報告を行うことが大切であろう。また、今後の見通しについても、次回期日がいつなのか、それまで何を（どのような主張を）用意することになっているのか、次回期日には何が行われるのかなどについて説明を行う。そして、仮に、今後の進行方法につき、選択の余地があるのであれば、期日報告書によって、必ず、依頼者にその旨の説明をする。可能であれば、事務所に出向いてもらい、弁護士と依頼者が打ち合わせをした上で、進行方法につき検討をすることにしている。なお、期日報告書は、依頼者にとって、大変大切な書面であるため、作成後、弁護士の承諾を得た後に発送をするようにしなければならない。また、期日報告書のコピーは、訴訟ファイルに綴じておくようにすると、依頼者から質問が来たような場合に、すぐ対応できる。

エピローグ

一　筆者仁木は、二〇〇一年から、裁判学および民事訴訟法研究者の立場で、法律事務職員研究を開始した。法律事務職に関する研究や現状を伝える文献は必ずしも多くはなく、手探りで研究を始めた。また、筆者麻田は、一九九八年から、法律事務所に籍を置き、実務に携わりながら、試行錯誤で法律事務職員に関する研究を始めた。そうした中のある晩、博多の街で、著者らは初めて親しく話しをする機会を得た。筆者らはともに共通の先生の門下生ということもあり、響きあう点が多く、すぐに意気投合した。その後、筆者らは、加地法律事務所において加地弁護士を交え、法律事務職員論について、度々話しあいや研究会の時間を持ち、共同研究者として、これまでに若干の成果を公表してきた。

筆者らの共通の先生であり、筆者らを引き合わせてくださったのが立教大学の井上治典先生である。貴重なチャンスを与えてくださった井上先生に、心から感謝を申しあげたい。周知の通り、井上先生が構築してこられた「手続保障の第三の波」理論は、「人間（紛争主体）の自立的行動を軸とした訴訟理論」を目指す裁判理論および民事訴訟法学である。筆者らは、井上理論から多くを学び、強く共鳴し、大きな影響を受けてきた。そして、その発想を法律事務所で展開するとどのようになるのだろうか、ということを考えてきた。本書はその成果の一部である。筆者らは、「人間（紛争主体）の自立的行動を軸とした訴訟法理論」の延長線上に、当事者の自立支援を主な目的とした法的サービスの提供態勢があり、それにふさわしい協働形態たるリーガルコーディネーターの活動があると考えている。

二　加地弁護士ならびに筆者らが、加地法律事務所で本書に関する打ち合わせをしていた、二〇〇四年一一月二九日午後七時、事務所の電話は絶え間なく呼出音を発していた。電話が鳴り始めてから、もうかれこれ三〇分ほども経つだろうか。四本の外線電話は、四本共、電気がせわしげに点滅している。だれも電話には応えない。この電話は、ヤミ金融からのものであり、受話器を取ると、抑揚のないテープらしき声が「お金を返してください・お金を返してください……」と途絶えることなく繰り返している。あまりにうるさいので受話器を一旦取ってみても、その受話器を置くと再びすぐにコールする。加地弁護士がクレ・サラ法律相談センターで受任した多重債務者の対応をしたところ、ヤミ金融が、法律事務所を逆恨みし、嫌がらせをしているのだ。電話なので怖いことはないが、頭の中でガーンガーンと鐘が鳴り響いているようである。

その依頼者（債務者）は、つい先ほどまで、二時間ほどもかかっただろうか、事務所で事情を説明し帰っていった。はじめのうち、依頼者は、「アイツら、イエに来たりしないっすよね」「いやー、ヤツらの電話、優しそうに話したりするから逆に気味悪くてネェ」などと少し怯えているようだったが、当方が話しを聴き、説明を加えるうちに、「オレは何にも怖いことなんかないっすよ」「オレは、フツウなら、こんなヤミ金なんかから、カネ借りなくたって六〇や七〇（万円のこと・筆者注）の収入はあるんですけどネ、たまたま引っかかっちゃってネ」「オレは何されてもいいけど、オレの家族にテー（手・筆者注）出したら、もお、オレは切れるからネ……ヤツらなんかぶっ殺すかもしれない」等々と大きな声で話しをしていた。

加地弁護士は、筆者麻田に対し「なるべく、依頼者の苦しみを汲み取って、それを自ら引き取って欲しい」との注文を与えている。そのように努めるのが理想だと分かっていても、依頼者の苦しみを汲み取ってリーガルコーディネーターが引き取っていれば、リーガルコーディネーター自身が苦しくなってしまう。そして、いくら必死になって、依頼者の苦しみを汲み取り続けても、世の中の紛争全体から見たら僅かな手助けにしかなっていないと感じ、情けなくなったりすることもある。夢に事件の当事者が現れ、リーガルコーディネーターに悩みを打ち明け、恨みを訴え、目覚めた時に夢なのか現実なのか定かではなく、前夜と同じく、いやそれ以上に疲れ果てているのを感じたという経験も少なからずある。

筆者麻田は、本書の中で、麻田自身を「井上美里」という名に置き換えて記述をしてきた。ⅠならびにⅡの事件に関する人物は、加地修弁護士以外すべて仮名であるが、井上美里さんは麻田の親しい友人の一人である。現在彼女は闘病生活を送っているが、麻田は、本書を書き進める過程で、疲れ果てた時、仕事帰りに彼女を見舞い、彼女から勇気と元気を与えて貰った。井上美里さんの回復を祈って、元気な井上美里さんを、本書で、麻田に重ねた。

三　リーガルコーディネーターは、自分自身で職務の意義を自覚することから始まる。勿論、それぞれの弁護士によって秘書や事務職員に関する考え方は多種多様であろうし、事務所の形態によって、リーガルコーディネーターとしての仕事の展開方法に制限が加わることはあるだろう。しかし、たとえ依頼者にお茶を出すときにかける一言によってでも事件当事者の不安を薄めることはできるし、挨拶の仕方一つでも依頼者の気持ちを和らげることはできるだろう。それがリーガルコーディネーターの精神の基本なのである。国民が抱いていると思われる「敷居が高い法律事務所」「冷たく理解しにくい裁判」のイメージを変え、紛争当事者の自立支援を行うため、多くのリーガルコーディネーターが活躍する日を願うものである。

今後、いっそう利用者を重視しながら、ここに示されたリーガルコーディネーターをふくめて、弁護士のなかで事務所のスタッフとの多様な関係作りがすすめられることを願っている。

四　最後になってしまったが、本書出版に際し、ご支援とご指導をいただいた多くの方々に対し心からお礼を申しあげたい。全ての方のお名前を挙げることができないのは残念であるが、何名かの方に、ここで特にお礼を申しあげたいと考えている。

まず、井上治典先生（立教大学）からは、筆者仁木が九州大学大学院在籍時を初めとして立教大学で講師として勤務していた時代、そして、筆者麻田が立教大学大学院在籍時ならびに法律事務所に勤務を始めてからも、様々なご指導をいただいている。なにより、井上先生が構築された「手続保障の第三の波」理論なくしては、筆者らの研究も存在すらしなかったはずである。

また、最終的に共著者となっていただいた加地弁護士には、筆者らの本研究開始時より、弁護士の立場から「協働」の考え方について有意義な示唆をいただいたり、実態調査の場や環境を与えていただいた。

さらに、本書の出版の機会を与えてくださり、本書がよりよいものになるように様々な助言をくださった信山社の渡辺左近氏、校正をしてくださった野尻由美子氏にも感謝しお礼を申しあげたい。

二〇〇五年七月

仁木恒夫
麻田恭子

〈**著者紹介**〉

麻 田 恭 子（あさだ・きょうこ）

リーガルコーディネーター（加地修法律事務所所属）

加 地　 修（かじ・おさむ）

弁護士（東京弁護士会所属）

仁 木 恒 夫（にき・つねお）

大阪大学大学院法学研究科助教授

リーガルコーディネーター――仕事と理念――

2005年（平成17年）7月15日　初版第1刷発行

著　者	麻　田　恭　子 加　地　　　修 仁　木　恒　夫
発行者	今　井　　　貴 渡　辺　左　近
発行所	信山社出版株式会社

〒113-0033　東京都文京区本郷6-2-9-102
電　話　03（3818）1019
F A X　03（3818）0344

Printed in Japan

印刷・製本／松澤印刷・和田製本

ISBN 4 - 7972 - 2429 - 0　C3332